発見された当時の深澤家土蔵　提供：あきる野市教育委員会

改修された深澤家土蔵

五日市憲法草案抜粋
日市憲法草案記念碑

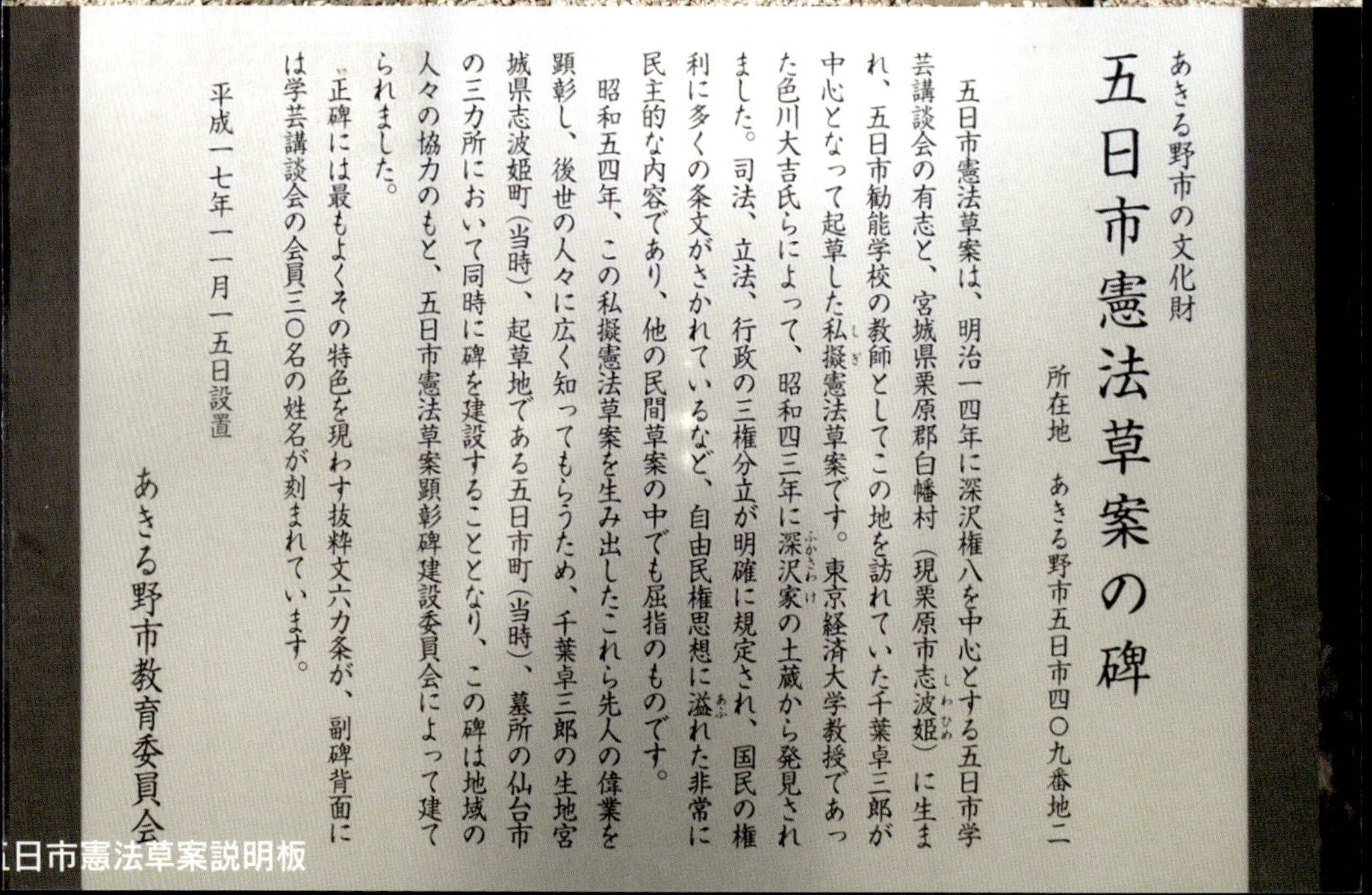
あきる野市の文化財
五日市憲法草案の碑
所在地　あきる野市五日市四〇九番地二
五日市憲法草案は、明治一四年に深沢権八を中心とする五日市学芸講談会の有志と、宮城県栗原郡白幡村（現栗原市志波姫《しわひめ》）に生まれ、五日市勧能学校の教師としてこの地を訪れていた千葉卓三郎が中心となって起草した私擬《しぎ》憲法草案です。東京経済大学教授であった色川大吉氏らによって、昭和四三年に深沢《ふかさわ》家の土蔵から発見されました。司法、立法、行政の三権分立が明確に規定され、国民の権利に多くの条文がさかれているなど、自由民権思想に溢れた非常に民主的な内容であり、他の民間草案の中でも屈指のものです。
昭和五四年、この私擬憲法草案を生み出したこれら先人の偉業を顕彰し、後世の人々に広く知ってもらうため、千葉卓三郎の生地宮城県志波姫町（当時）、起草地である五日市町（当時）、墓所の仙台市の三カ所において同時に碑を建設することとなり、この碑は地域の人々の協力のもと、五日市憲法草案顕彰碑建設委員会によって建てられました。
正碑には最もよくその特色を現わす抜粋文六カ条が、副碑背面には学芸講談会の会員三〇名の姓名が刻まれています。
平成一七年一一月一五日設置
あきる野市教育委員会
五日市憲法草案説明板

千葉卓三郎肖像写真

提供：あきる野市教育委員会

卓三郎の墓地

深澤権八の写真

提供：あきる野市教育委員会

深澤家三代の墓地

五日市憲法草案を訪ねる

【五日市へのアクセス】
・JR中央線利用。JR立川駅でJR青梅線・青梅行きに乗り換え（中央線から直接青梅線に入る電車もある）。JR拝島駅でJR五日市線に乗り換え、終点JR武蔵五日市駅下車。
・西武新宿線利用。西武新宿駅、JR高田馬場駅で西武新宿線・拝島行きに乗り換え拝島まで。拝島駅でJR五日市線に乗り換え、終点JR武蔵五日市駅下車。
・JR八高線（JR川越駅—JR八王子駅）利用。拝島駅でJR五日市線に乗り換え、終点JR武蔵五日市駅下車。
・車利用の場合。中央自動車道・八王子インターまたは圏央道・あきる野インター下車。目標は「あきる野市役所五日市出張所」（五日市憲法草案記念碑）、または「あきる野市立五日市郷土館」（五日市憲法草案関係資料常設展示）。

☆JR武蔵五日市駅を起点に
・勧能学校跡まで　徒歩約5分
・五日市憲法草案記念碑まで　徒歩約10分
・五日市郷土館まで　徒歩約15分
・深澤家屋敷跡まで　徒歩約50分

〈問い合わせ先〉
「五日市憲法草案の会」
（略称「五憲の会」）事務局
電話042-595-0749（鈴木富雄）

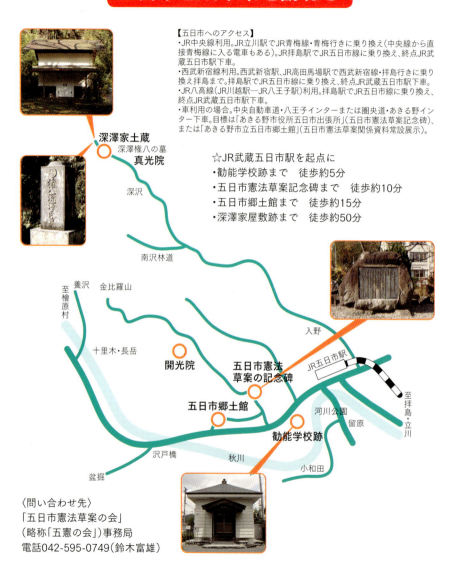

ガイドブック

五日市憲法草案

＜日本国憲法の源流を訪ねる＞

鈴木富雄

メッセージ

新井勝紘
（専修大学文学部教授）

誰言うとなく〝開かずの蔵〟と呼ばれていた深沢家土蔵の重い扉が初めて開かれたのは、「明治百年」を迎えた1968年の8月のことだった。東京経済大学の色川大吉教授が指導する色川ゼミナールの調査であったが、薄暗い土蔵の2階の太い梁の近くを調べていた私がたまたま手にしたのが「五日市憲法草案」だった。自由民権運動の高揚期の1881年に起草された私擬憲法だったが、87年ぶりの再デビューとなった。ただ地元にはその憲法の存在も、起草者の千葉卓三郎も知っている人は皆無だった。地域史の中にみごとに埋もれていた。その分析と千葉の人物追跡は、容易ではなかったが、卒論で初めて全文を明らかにしたこともあって、私は自然とのめりこんでいった。まして日本国憲法の先駆けともいえる民主主義的内容を持つものであっただけに衝撃を与えた。

以来、多くの人々の関心をよび、私自身が担ったガイド役も数知れないが、本著者の鈴木さんは、地元にあって、こつこつと案内役を積み重ねてきた。現地にいくと、異口同音にこんな山村になぜあんなすばらしい憲法が生まれたのかとの質問が必ず出てくるが、本書は鈴木さんの豊富なフィールドワークの経験が下敷きになって生まれたからこそ、遠路、土蔵まで足を運んでくれた人々の理解を深めるのに十分な内容となっており、五日市探索には欠かせないものになるだろう。

はじめに

新井勝紘専修大学文学部教授は、今から47年前、東京経済大学の色川ゼミのメンバーの1人として深澤家（当時五日市町・現あきる野市）の土蔵開けとその後の調査研究を重ねてきた学者です。４年ほど前、新井先生のお話を聞く機会がありました。その時、新井先生は、「明治初期の自由民権運動の中で書かれた※私擬憲法は99まで数えられる。その中で、原文が発見されているのは40数編で、あとは新聞報道などで数えられる」という話をされました。その一覧表の資料もいただきました。

最近、新井勝紘先生と話をする機会があって、「99以後に確認されたものがあるのでしょうか」と聞きましたら、「１００を超えましたよ」とのことでした。

明治初期の自由民権運動のなかで起草された１００にのぼる私擬憲法の一つが「五日市憲法草案」です。この五日市憲法草案が、今の日本国憲法の源流でもあるという評価もあって、多くの方が現地の見学に訪れます。この現地見学会や講演をした回数は２０５回になり、参加者も３５００名を超えました。現地見学会が主で１８４回、２８００名を超えています（２０１７年５月現在）。特に、２０１３年から参加者が急増しました。それは第２次安倍政権の誕生と憲法「改正」への暴走と無関係ではないと思います。現憲法の源流を歩いて見て確かめて、日本の憲法を守る運動の〝糧〟

※私擬憲法　民間（個人）が作った憲法のこと。

にしようという見学者の熱意を強く感じています。

2014年7月1日の集団的自衛権の「閣議決定」は歴史に刻印される日になるでしょう。内閣が自分に都合のいいように勝手に憲法解釈を変えるなどということは「立憲主義」そのものの否定でやってはならない禁じ手です。

この日を起点に、日本国憲法9条が死文化され、「アメリカに言われて戦地に軍隊を出す国」にさせてしまうのか、国民がこの「立憲主義」否定の暴挙を許さず憲法9条をはじめ日本国憲法を守り抜くことができるのかが問われています。

改憲が党是の自民党の「改憲案」

自民党は、その誕生の時から「改憲」を党是としています。岸信介・元A級戦犯容疑者はアメリカの都合で政界に復帰しました。それ以来の宿願が現憲法「改正」へのあくなき追求でした。祖父・岸信介がなしえなかった宿願を、一気に成し遂げようとしているのが孫の安倍晋三首相です。自民党は、2004年6月15日の「憲法改正プロジェクトチームの文書」において、「憲法とは『国家権力を規制するために国民がつきつけた規範である』ということのみを強調するという論理が目立っていたように思われるが」、…「憲法という国の基本法が行為規範として機能し、国民の精神（ものの考え方）に与える影響についても考慮に入れ」としています。

さらに2012年4月27日、自民党は2005年の「改憲案」の改訂版の「日本国憲法改正草案」を発表しました。憲法前文から、侵略戦争の反省、平和的生存権を削除しています。天皇の元首化、国防軍を保持、国防軍に審判所（軍法会議）の設置、非常大権など「大日本帝国憲法」への逆戻りとも言うべき改憲案です。しかも、今の憲法条文にはない「全て国民は、この憲法を尊重しなければならない」（第百二条）として、「国民が権力を監視する」という現代憲法の精神を否定しています。

「時の政府に対する国民の命令」が憲法

憲法の概念は、「イギリスの名誉革命の直後の権利章典に始まって、アメリカの独立宣言やアメリカ合衆国憲法を経て、フランスの人権宣言に至る100年間に形成された」（井上ひさし『二つの憲法』55頁）といわれます。その精神は、「国民が権力の濫用を許さず権力を監視する」というものです。

「九条の会」が発足したのが2004年6月です。その翌年の2005年に、「九条の会」の呼びかけ人の一人、作家の井上ひさし氏と「九条の会」事務局長の東大教授、小森陽一氏が雑誌『現代思想』（10月号）で対談をしています。その中で小森陽一氏は、「国民の意外な盲点」は、「国民が守らなければならない最高法規というのは誤解であって、時の政府に対する国民の命令が憲法」だと述べています。

第1章　五日市憲法草案とは

1 なぜ今、五日市憲法草案に大きな関心が…

「立憲主義」の私擬憲法

五日市憲法草案は今から134年前の1881（明治14）年に起草された私擬憲法です。29歳の五日市の青年教師・千葉卓三郎が起草した全文204条からなる憲法草案です。起草者・千葉卓三郎や最大の援助者であった20歳の青年・深澤権八らは、当時、日本で翻訳されていたヨーロッパやアメリカの政治、経済、思想、憲法などを徹底して学び、論議してこの憲法草案を書き上げています。彼らが参考にした書籍は深澤家の土蔵に200冊余が残されていました。彼らの憲法起草の考え方は、世界で到達していた「立憲主義」にたったものです。

人権や自由の規定は、当時起草された私擬憲法の中で最も民主的、立憲的といわれます。五日市憲法草案の条文は現日本国憲法と対照表ができるほどのものです。

2 発見の経緯

土蔵開け

1968（昭和43）年8月27日、五日市町深沢（現あきる野市深沢）で深澤家（世襲名主家）の土蔵が調査されました。第2回目の調査は10月10日に行なわれました。第3回目の調査は1969年2月に行われ、東京経済大学に全ての資料が持ち込まれました。この土蔵調査の資料の中に、後に「五日市憲法草案」として高い評価を受ける未発見だった私擬憲法や「嚶鳴社憲法草案」、「国会開設期限短縮建白書」など貴重な資料が発見されました。これらの深澤家の蔵から出てきた資料の中にそうした私擬憲法などが含まれていることがわかるのは一定の調査が進む中（10月頃）でした。「五日市憲法草案」には、「陸陽仙台　千葉卓三郎草」とあり起草者が千葉卓三郎です。

深澤家土蔵調査（1968・昭和43）提供：新井勝紘氏

　この土蔵調査は、東京経済大学の※色川大吉教授（当時）の「色川ゼミ」のメンバーによって行なわれました。深澤家当主の深沢一彦（後に詳しく述べる深澤権八の孫）も立ち会っていました。

深澤家の許可と土蔵調査

五日市憲法草案の見学で深澤家跡地と土

※色川大吉　1968年当時、東京経済大学教授。北村透谷の研究や東京・多摩地域の自由民権運動の掘り起こしに実績を残した。1968年の深澤家土蔵調査で「五日市憲法草案」を色川ゼミの学生らと発見した。

蔵の前にたって、多くの見学者から、「色川先生は、なんでこんな山奥の土蔵を開けようとしたのでしょうか?」という質問を受けました。

発見者の色川大吉東京経済大学教授(当時)は、深澤家の土蔵に注目した理由を著書で述べています。最初は1958(昭和33)年で、北村透谷の親友の大矢正夫について「『大矢正夫論』を書くため資料探訪で三多摩を歩いていた時である」、大矢正夫が「五日市の※勧能学校に出入りしていたことを確かめたかった」と述べています。

大矢正夫は、自由民権家で1884年(明治17)年当時、上川口小学校で教鞭をとっています。同じ時期、五日市の勧能学校には利光鶴松という自由民権家が短期間ですが教師として勤めていました。利光鶴松は勧能学校に勤めたのち明治法律学校(現明治大学)に入り代言人(今の弁護士)資格をとり、政治家などを経て晩年小田原急行鉄道(現小田急電鉄)を創立した人です。この利光鶴松が手記を残しています。その手記で利光鶴松は、「余ガ将来自由党トナリ、自由主義ヲ唱道シタルハ全ク五日市ニ於テ受ケタル感化ニ外ナラズ　又余ハ漢学塾ニ孔孟ノ教ヲ受ケ其読ム所ノ書ハ漢籍ニ限ラレタリ　五日市ニ於テハ漢籍ヲ放棄シ　ルーソー、スペンサー、ベンサム、ミル等ノ著書ノ翻訳ヲ耽読スルニ至レリ」と述べています。こうした理由で色川氏は、深澤家土蔵調査を考えました。

この時の深澤家当主は、深澤権八の長女・ヱイの婿の誠一氏でした。色川氏は蔵開

※勧能学校　1872(明治5)年、明治政府の「学制発布」により1873(明治6)年に五日市村が設置した小学校。「武州多摩郡五日市小学勧能学舎」として開設される。1875(明治8)年に「勧能学校」と改める。

けを懇請したとのことですが「あいにく病臥中でお許しを得ることができなかった」と述べています。このときに蔵開けは実現しませんでした。深澤誠一氏は、1967（昭和42）年9月19日、87歳で亡くなります。

深澤家当主は誠一氏の長男・一彦氏（権八の孫）となります。色川氏は、「一彦先生の代になり、ようやく昭和43年に土蔵調査のお許しを得ることができた」と述べています。

3 主な条文と対応する日本国憲法条文

天賦人権説

五日市憲法草案

四五条　日本国民ハ各自ノ権利自由ヲ達ス可シ他ヨリ妨害ス可ラス且国法之ヲ保護ス可シ。

日本国憲法

第11条　国民は、すべての基本的人権の享有を妨げられない。この憲法が国民に保障する基本的人権は、侵すことのできない永久の権利として、現在及び将来の国民に与へられる。

第12条　この憲法が国民に保障する自由及び権利は、国民の不断の努力によって、これを保持しなければならない。又、国民は、これを濫用してはならないのであって、常に公共の福祉のためにこれを利用する責任を負ふ。

平等権

日本国憲法

第14条1項　すべて国民は法の下に平等であって、人種、信条、性別、社会的身分又は門地により、政治的、経済的または社会的関係において差別されない。

五日市憲法草案

四七条　凡ソ日本国民ハ族籍位階ヲ問ハス法律上ノ前ニ対シ平等ノ権利タル可シ

四八条　凡ソ日本国民ハ日本全国ニ於テ同一ノ法典ヲ準用シ同一ノ保護ヲ受ク可シ地方及門閥若クハ一人一族ニ与ウル

ノ特権アルコトナシ

個人の尊重

五日市憲法草案

四九条　凡ソ日本国ニ在居スル人民ハ内外国人ヲ論セス其身体生命財産名誉ヲ保固ス

日本国憲法

第13条　すべて国民は、個人として尊重される。生命、自由及び幸福追求に対する国民の権利については、公共の福祉に反しない限り、立法その他の国政の上で、最大の尊重を必要とする。

教育権

五日市憲法草案

七六条　子弟ノ教育ニ於テ其学科及教授ハ自由ナルモノトス然レドモ子弟小学ノ教育ハ父兄タル者ノ免ル可ラサル責任トス

日本国憲法

第26条　すべて国民は、法律の定めるところにより、その能力に応じて、ひとしく教育を受ける権利を有する。②すべて国民は、法律の定めるところにより、その保護する子女に普通教育を受けさせる義務を負ふ。義務教育はこれを無償とする。

さらに、研究者は五日市憲法草案の特徴ある条文として、五日市憲法草案記念碑に次の三条も書きました。

地方自治

五日市憲法草案

七七条　府県令ハ特別国法ヲ以テ其綱領ヲ制定セラル可シ府県ノ自治ハ各地ノ風俗習例ニ因ルモノナルカ故ニ必ラス之ニ干渉妨害ス可ラス其権域ハ国会ト雖モ之ヲ侵ス可ラサル者トス

これは現憲法の第8章の第92条から95条の地方自治の規定に近いものです。

五日市憲法草案は、地方には「風俗習例ニ因ルモノ」があるからと言っていますが、これに干渉や妨害をしてはならないということで地方自治を明確に規定しています。

国民主権

五日市憲法草案
八六条　民撰議院ハ行政官ヨリ出セル起議ヲ討論シ又国帝ノ起議ヲ改竄スルノ権ヲ有ス

「君民共治主義」をとりつつも、天皇と国民から選ばれた国会（民撰議院）が対立した場合「国帝ノ起議ヲ改竄スルノ権」を国民の代表に認めています。国民主権の立場にたった考えといっていいと思います。

政治犯の死刑廃止

五日市憲法草案
一九四条　国事犯ノ為ニ死刑ヲ宣告ス可ラス又其罪ノ事実ハ陪審官之ヲ定ム可シ

これは「死刑」と「陪審制」に関する規定です。死刑一般を廃止するということではないのですが、「国事犯」すなわち思想や信条を罪とした政治犯を死刑にしてはならないということです。

「陪審制」は、国の裁判官だけでは国民の権利が完全に守られる保証がないから住民の代表を裁判に参加させて公正な裁判をしようということです。

卓三郎は、1873（明治6）年、キリスト教を布教した理由で※登米《とよま》の監獄に半年投獄されています。投獄中のあまりにもひどかった人権無視の体験（後に卓三郎の略歴で詳述）から人権、人命をしっかり守ろうという条文が生まれたのでしょう。

五日市憲法草案の特徴はこれだけにとどまりません。

人権の二重保護

36項目の国民の権利規定は、「基本的人権」の具体性と精緻さにおいて、他の私擬憲法草案に例をみないもので、※植木枝盛草案と比べても遜色がありません。

それは、「国民の権利」として人権を規定するのみでなく、司法の場で二重に保護するという方法をとっています。

「五日市憲法草案」第六二条に、「凡ソ日本国民ハ財産所有ノ権ヲ保固ニス、如何ナル場合ト雖トモ財産ヲ没収セラル、コトナシ」としています。

これを司法の二〇〇条において、「如何ナル罪科アリトモ、犯罪者ノ財産ヲ没収ス可ラス」として二重に保護しています。

※登米《とよま》　明治政府の「廃藩置県」によって登米県（登米郡寺池村）が設置された（1869・明治2）。現在の、登米《とめ》市登米町寺池。

第七一条の「国事犯ノ為ニ死刑ヲ宣告サル、コトナカル可シ」は、一九四条の「国事犯ノ為ニ死刑ヲ宣告ス可ラス」として二重保護しています。

4 内外の研究者から高い評価

民権の尊重に特別の配慮

明治憲法成立史の研究で著名な稲田正次氏（元東京教育大学教授）は、1960（昭和35）年に『明治憲法成立史』を著しています。

この時はまだ五日市憲法草案は発見されていませんでした。稲田氏が1979年に著した『明治憲法成立史の研究』ではじめて五日市憲法草案にについてふれています。

稲田氏の評価を引用させていただきます。

「国民の基本的権利についてきわめて詳細な規定を設けて強く保障し、国会の権限も広くみとめ、議院内閣制を明定し、司法権の独立を強調していることなどからいってかなり民主的立憲的要素の大きい憲法草案といえると思う」

「国民の権利に関係した条文が第二、三、五編にわたって一五〇条余もあり、民権の尊重に特別の配慮をしていることは注目すべきであって、他の私擬憲法に全く類例をみないところである」（「明治憲法成立史の研究」102〜103頁）と述べています。

※植木枝盛　1857（安政4）年、土佐藩士・植木直枝の子として生まれる。1875（明治8）年19歳で上京、慶応義塾などで福沢諭吉に師事して学ぶ。1877（明治10）板垣退助に従って帰郷し書生となる。立志社に参加し「土陽新聞」などの執筆・編集にあたる。1881（明治14）年に、私擬憲法の中でも民主的といわれる「東洋大日本国国憲按」を起草。

ちなみに千葉卓三郎起草の「五日市憲法草案」は、人権と自由の保護、国政への参与の権利、法の下での平等、生命・財産の保護、不利益不遡及、思想・著述・出版の自由、請願権、宗教・信仰の自由、職業の自由、集会・結社の自由、親書の秘密保護、住居の自由と個人宅への不可侵、財産の保護、24時間以内での裁判官との接見と拘束は3日以内、控訴・上告の権利、保釈の権利、国事犯の死刑禁止、違法な拿捕への損害賠償、累進課税、教育の自由と受ける権利と受けさせる義務、地方自治などを国民の権利として規定しています。

海外からも高い評価

海外の評価についてもふれます。1970（昭和45）年、ハーバード大学で「秋の日本シンポジウム」がひらかれ、東京経済大学教授の色川大吉氏が、「五日市憲法草案と明治の自由民権運動」という講演をしています。色川氏がアメリカのプリンストン大学の客員教授として渡米していた時期のことです。このシンポジウムには、元駐日大使のライシャワー教授をはじめとする日本研究者がたくさん参加していました。この講演は参加者の非常な反響をよびました。いわく、「90年前に日本人の中にあった民主主義思想、36ケ条の人権規定に驚いた」というものです。

アメリカのアイオア大学の日本史教授にスティーヴン・グラフトスという方がい

て、五日市憲法草案について大変貴重な意見を述べています。

グラフトス教授は、五日市憲法草案が発見されて11年後の１９７９（昭和54）年11月に、五日市町（当時）と仙台市、志波姫町で記念碑がつくられた際、仙台市の除幕式記念会の席上で講演をしています。

この講演で、グラフトス教授は、「アメリカ人やヨーロッパ人は大変傲慢であった。今まで、民主主義というのは自分たちがつくってアジア人に教えてやったもの、民主主義とは、ヨーロッパ、アメリカの産物であってアジアにはないもの、日本には民主主義なんて無かったものという考え方を持っていた。だから日本の民主主義というものを信用していない。ヨーロッパ、アメリカからの借り物だ、そういうふうに思っていたんです」

「ところが千葉卓三郎を知ってですね、五日市学芸講談会の青年たちを知って考え方を変えた」、「日本の草の根に創られていた素晴らしい民主主義と、その民主主義を単に日本的なものだけでなく、世界的なもの、全人類的なものに普遍化しようとして明治の青年達が実に驚くほどの情熱をもって学んだ、その情熱、姿勢です。そこに自分達は感動しました」（色川大吉氏講演「民主憲法の父千葉卓三郎」１１１頁）と話したとのことです。

五日市憲法草案は、アメリカの日本史研究者に日本の民主主義は明治初期に多摩の山間でその産声をあげていたという新たな認識と感動を与えたのです。

明治憲法史の研究者や世界の学者などからこれだけの評価を受けているのが五日市憲法草案です。この五日市憲法草案は自由民権運動の高まりの中で起草された私擬憲法の一つです。

第2章　なぜ五日市憲法草案は作られたのか

1 自由民権運動の背景に～農民一揆と不平士族の反乱

江戸時代より重い3つの負担

明治初期の庶民が時の政府に反対の旗を掲げることになった主な負担が三つあります。その一つは、江戸時代の年貢（米の原物納）から地租という形で地価に応じた金納による税が課されることになったことです。これが年貢以上の重税でした。二つには、1873（明治6）年3月からはじまった※学制発布による教育費の重い負担です。三つ目は、江戸時代までは武士が担っていた兵役が、徴兵制ということで庶民に課されたことです。

農民一揆起こる

1873（明治6）年頃から、三つの重い負担に反対する運動が燎原の火のごとく広がります。

1873（明治6）年の岡山県・津山の一揆は、「徴兵制反対、学制反対」をかかげました。一揆は、鳥取、島根、広島に広がっています。香川県、愛媛県、福岡県にも一揆は広がりました。

1876（明治9）年11月には茨城県・那珂郡29カ村、真壁郡数カ村、久慈・茨城

※学制発布　明治政府が1872（明治5）年8月3日に公布したもの。「邑に不学の戸なく、家に不学の人がないことを期す」として、全国を8つの大学区、32中学校区、210小学区に定めた。教育の御一新とも言われる。

※木戸孝允　長州藩士。藩士時代は桂小五郎。1866（慶応2）年1月坂本竜馬らの斡旋で西郷隆盛と「薩長同盟」を結ぶ。明治維新後、岩倉具視からも政治的見識を高く評価され、参与・参議・文部卿などを歴任。1877（明治10）年5月京都で病没（43歳）。

郡の農民数千人がいっせいに蜂起しました。茨城県下の一揆がおさまった１週間後の１８６７（明治９）年12月19日、三重県下でも地租改正反対の大一揆が発生しています。三重県飯野郡魚見村、久保村など４カ村の農民がいっせいに蜂起。北伊勢の諸郡、南部の山田、鳥羽でも決起します。この一揆は、三重、愛知、岐阜、奈良の４県にまたがる大一揆となりました。

政治を動かした農民一揆

こうした農民一揆は、政府に深刻な影響を与えています。※木戸《きど》孝允《たかよし》は、「実に竹槍連（百姓）ほど、おそろしいものはない」「一身の不平から兵をあげ、良民に災難をしかける士族の暴動にたいしては、鉄火で圧倒せよ。しかし、生活の道を失い、やむをえず竹槍をもって起こす一揆にたいしては、鉄砲をもって殺すべきではない」（木戸孝允日記）と述べています。

内務卿として政府のトップにいた※大久保利通は、「貧民はますますおとろえ、富民はますます頑固であり、ただ、政府をうらみ、やたらに訴訟をおこす。近ごろではところどころに群集が蜂起し、人心の乱れは、ほとんど麻が乱れたようである。こうなったのも地租や地方税が、農民に重く、民力にたえないからである。もし政府が、このままほうっておけば、論議はたちまち天下にわき、ただ農民にとどまらず、つい

※大久保利通　薩摩藩士。明治の元勲。西郷隆盛、木戸孝允と並んで「維新の三傑」と称される。1869（明治2）年、参議のち大蔵卿（明治4）、明治新政府の中央集権体制を作り上げた中心人物。西南戦争後の1878（明治11）年5月14日紀尾井坂で石川県士族らによって暗殺される（47歳）。

には、おさえることができなくなるだろう」として太政大臣※三条実美《さんじょうさねとみ》に地租の軽減を提案しています。農民の運動は、選挙も国会もなかった時代にも政治を動かしたのでした。

1877（明治10）年1月、天皇の名で、「農民の苦しみを思い、深く休養の道を思う」として3％の地租を2・5％にすることを決めています。これが有名な「竹槍で、ドンと突き出す二分五厘」です。

不平士族の反乱

1867（慶応3）年10月14日、徳川十五代将軍慶喜《よしのぶ》が大政奉還をして王政復古の号令が発せられ徳川幕府は崩壊します。新しい政府を担うことになったのが薩摩藩、長州藩などの武士でした。明治新政府は矢継ぎ早に新たな政策を打ち出してゆきます。廃刀令など封建制度を打ち破るという一面がある一方、特権階級でもあった武士にはきびしいものでした。

「※秩禄処分《ちつろくしょぶん》」（俸禄廃止）で最後の特権を奪われた「士族の反乱」が1874（明治7）年から77（明治10）年にかけて各地で起こります。

明治新政府の参議でもあった元佐賀藩の下級武士出身の江藤新平は、※征韓論に破れ下野します。この江藤新平を中心に1874（明治7）2月、新政府の武士の特権

※三条実美　公家出身の政治家。禁門の変（1864・元治元）では、長州藩とともに京都を追われ（七卿落ち）長州に逃れる。明治新政府で政界に復帰、新政府の議定（1867・慶応3）、副総裁、戊辰戦争後は、太政大臣（1871・明治4）となる。

廃止という政策に反対し3千人が挙兵し、佐賀県庁などを占拠したのが「佐賀の乱」です。

1876（明治9）年には旧熊本士族らが「神風連《じんぷうれん》の乱」を起こします。この神風連の乱に呼応して旧秋月藩士らが「秋月《あきづき》の乱」を起こし、旧長州藩・前原一誠らが「萩の乱」に決起します。これら一連の士族の反乱は、1873（明治6）年、征韓論に破れ下野した西郷隆盛の決起を期待、うながしていますが、西郷隆盛は決起しませんでした。

西南戦争

西郷隆盛らは、薩摩（鹿児島）で、「私学校」を組織し士族による支配を続けます。鹿児島士族が、政府の開明的諸政策や士族の解体などを不平として決起したことによる国内戦争が1877（明治10）年の西南戦争です。

決起した鹿児島士族は熊本鎮台を一気に攻略し、東京までかけのぼり武力を背景に政府に要求をつきつけようとしました。ところが、熊本城を守備した谷干城《たにたてき》らの防御にあって薩摩勢は熊本城の攻略もできず薩摩（鹿児島）に撤退します。政府軍の追撃で、西郷隆盛は城山で自刃、西南戦争は鹿児島士族の敗北で終わります。

※秩禄処分　「秩禄」とは、士族や華族に与えられた家禄と維新功労者への章典禄を合わせた呼称。明治政府が1868（明治元）年にこれを廃止したことをいう。

※征韓論　明治初期、大久保利通らが外遊中に、西郷隆盛、板垣退助、江藤新平らが、武力をもって朝鮮を開国させようという主張。

内戦の終結と結社の結成

この西南戦争で日本の内戦は終結しました。それ以後は、言論による薩長政府批判が主流になってゆきます。

１８７８（明治11）年、東京から土佐に本拠地をうつした立志社による士族民権運動が始まります。１８７９〜１８８０（明治12〜13）年には豪農民権といわれる民権ジャ―ナリストや地方の富裕層を巻き込む豪農民権運動が全国的に広まってゆきます。このようにして、全国で結成された政治結社、学習結社は約2千ほどになりました。

土佐の「立志社」、関東の「嚶鳴社」

土佐の立志社を中心とした結社の動向は、関東、東北、中部地方にも広がります。一大勢力を築きつつあった東京の民権家グループにも大きな影響を与え、民権派ジャーナリストの代表的演説団体として嚶鳴社《おうめいしゃ》が結成され、１８７７（明治10）年ごろから啓蒙活動を行っています。そのルーツは沼《ぬ》間《ま》守一《もりかず》とその同志たちが１８７４（明治7）年、下谷上野町、摩利支天別当所で開いた法律講習会といわれます。

嚶鳴社は、１８７９（明治12）年10月、嚶鳴社雑誌第1号を発行します。この年の11月19日、神奈川県の一地方新聞であった「横浜毎日新聞」を引き継ぎ、本社を東京に移して「東京横浜毎日新聞」と改称し嚶鳴社の重要な言論機関としています。

嚶鳴社は支社を、関東、東北、中部へ拡大し29社を結成しています。八王子に嚶鳴社第15支社が結成されたのが１８８０（明治13）年１月７日です。この八王子支社の結成が、４月ごろの五日市学芸講談会結成の導火線となりました。嚶鳴社は１８８０（明治13）年10月には、板垣退助を上野精養軒に招き、大懇親会を開催するなど自由民権運動の広がりを見せています。

五日市憲法草案を生み出した五日市とは当時どのような町だったのでしょうか。

2 なぜ五日市であったのか

市、筏《いかだ》、絹のまち五日市

中世以前の五日市は小庄村の一部でした。「古ハ小庄村ト唱ヘシ由イヘトステニ正保年中ノモノニハ五日市トシルセハソノ改リシモ古キコトトミエタリ五日市ノ名ノ依テ起ル處ハ當村毎月五十ノ日市立シニ由レリ…民戸百九十五軒」（「新編武蔵風土記稿」三多摩編第三巻１１０頁）。

五日市は、江戸幕府が開かれる以前の小田原北条氏の時代は地侍の住む村でした。１５９０（天正18）年６月23日、八王子城（城主・北条氏照）が落城します。

八王子城は、上杉景勝、前田利家両軍らに、網代村を通り鎌倉街道を南下して攻められました。この時、五日市地区から動員された地侍が多数戦死しているのが大悲願寺（あきる野市横沢）過去帳で確認されています。八王子城の戦死者のなかに高尾、山内、小机、貴志など当地ゆかりの名があります。7月11日には小田原城も落城、8月1日、徳川家康が江戸に入ります。家康が江戸に入る数日前に甲州口の固めと治安防衛のため八王子に千人同心が置かれます。以後、五日市の地侍は再び武器を手にすることなく忍従の百姓に変貌してゆきます。

先の「新編武蔵風土記稿」で明らかなように、正保（1644〜1647年・将軍は三代家光）のころには五日市と呼ばれています。五日市の名の起こりは五の日に市がたったことによります。民家は195軒だったことがわかります。

檜原《ひのはら》村旧家の武田家文書があります。炭を五日市に出荷した側の記録です。その文書には「檜原村より少々宛炭附出し慶安　承應のころには養沢村を初　外村々より多分焼出候に付」とあります。これは、正保のころより檜原村から五日市に炭の出荷が始まったことを示しています。さらに慶安（1649〜1651）のころ、養沢からも炭が出されことを示しています。このころの五日市の家並みは「間ばらに十軒余り」だったことが記されています。

その後、炭の出荷が増え、人の出入りも多くなり「段々家作出来　家続宿并ニ相成候」と宿場なみの街並みになってきたことも記されています。

1652（承応2・将軍・四代家綱）年4月25日、五日市で市祭りが行なわれます。この新市は月3回の三斎市から月6回の六斎市（五日市の場合、十日、二十日、三十日にも市をひらく）になって市の発展を願って開かれました。明暦（1655～1657年・将軍は四代家綱）のころますます市もにぎわうようになります。

江戸時代、五日市村は幕府直轄の天領（御料）でした。1828（文政11）年、五日市村の分給が行われています。

これは、約二七〇石の五日市村の領地のうち、その大部分二六六石を旗本・中山主馬のものとするものです。ところが、わずか四石九斗三升二合が、御料・江川代官領として残され、五日市村ナンバー2の百姓6軒（のち13軒になる）が※御料百姓となります。6軒で名主、年寄、組頭、百姓代という村役人を分担しています。御料の村役人は代官配下の陣屋役人のように私領にたいしてふるまったといわれます。

この村の分給という措置は幕府によって行われたものですが、税金のうち本年貢（本途物成《ほんともものなり》）と村高に応ずる雑税（高掛物《たかがかりもの》）は石高に応じていますが、炭の税金（運上金《うんじょうきん》）は、その他の雑税（小物成《こものなり》）としてすべて御料に残されました。

このように、炭の取り引きと炭運上という税金の関係で五日市の商人は、幕府（代官所）の後ろ盾があってその資産と地位を築いてきました。

※御料百姓　大名や旗本などの領地の百姓にたいし、幕府直轄地（代官支配）の百姓のこと。

炭の市場町

炭を出荷した側の檜原村の旧家の「武田家文書」があります。檜原村や養沢村などから五日市の市場に炭が出荷されるようになったのは、慶安（1648）から承応（1654）の頃で、五日市の家並みはまばらだったと記されています。五日市が炭取引でにぎわい、街並みも整うのは、明暦年間（1655～1657）以降との記録が残されています。

五日市の市場で炭が多く取り引きされるようになるのは、江戸の発展と密接に結びついています。参勤交代が確立する三代将軍・家光の頃、江戸の人口は約40万人（日本全国で約2千万人）、江戸時代の人口のピークはその100年後の1750年（寛延3・将軍は九代家重）で江戸が122万人（日本全国で約3101万人）でした。

江戸城は、徳川家のお城であるとともに、政庁でもありました。炭薪などを大量に消費しました。また、参勤交代で大名は江戸屋敷をもちます。江戸詰めの家臣も住みます。大名の妻子は実質的な人質として江戸に住まわされました。こうして江戸は人口の半分が武家地、残りの半分が寺社地と町人地でした。江戸の上層階級は暖房や燃料として木炭を使うようになります。木炭の大消費地に近い生産地が、西多摩地域です。

炭焼きは、農閑期の百姓の副業でした。五日市村が炭市場として発展すると、山方の百姓は食糧生産をやめて炭焼きに専念するようになります。炭焼きという山の仕事は重労働で「炭焼きは子供の顔を知らない」と言われたぐらいに早朝から夜遅くまでの仕事です。炭の生産者（山方）は炭を売り、穀を五日市商人から買うようになります。ところが、炭は安く買いたたかれ、穀は高く売られます。檜原村、養沢村など山方の村と五日市村の紛争が江戸末期には幾度となく起こっています。ところがこの山方の反抗は、幕府（代官所）の後ろ盾と金力とによって抑えられてきました。

炭取引に税金

この炭の取引に対し、1735（享保20）年には、「※炭運上《うんじょう》」として、「八俵一駄《いちだ》に付八文」の税金が課されるようになります。納税すると一駄に付一枚の焼印札が交付され、これをつけないと五日市の木戸、改番所を通れませんでした。こうして五日市の炭取引が独占的地位を確立してゆきます。

炭問屋は交代でこの番所に詰めるようになります。この一駄八俵八文の税金はその後、1・5倍の十二文に増税されました（武田家文書）。五日市における炭の取引は幕末のころ20万俵との記録（江川家文書・炭運上）があります。七十五両の税金になります。この炭出荷量は、明治、大正期もほぼ同じでした。

※炭運上　運上は、江戸時代の雑税の一種。炭《すみ》に課された雑税。

木材の供給地

炭と同時に百万都市・江戸に欠かすことができなかったのが、建材としての木材です。消防力が弱かった当時は、火災が起こるとしばしば大火になりました。1657（明暦3）年1月の大火は、江戸城天守閣・本丸・二の丸、多くの大名屋敷、旗本屋敷、町屋400町を焼きつくしました。火災の復興に欠かせないのが木材です。

筏を組んだ「土場」（大正3年）　提供：あきる野市教育委員会

江戸に幕府が開かれたころ武蔵野の大地に杉・桧は自生せず、そのため江戸幕府は植林政策を進めますが、武蔵野の大地での植林はうまくゆきませんでした。名残だけは杉並という地名で残っています。杉がよく育つのは腐葉土が流れおちる山のすそ野です。

当時の山のすそ野には「入会地」「切畑」「居山」というものがありました。入会地は公有地（幕府のもの）ですが、家畜の餌や燃料などをとることが許された土地です。

切畑は畑としては最下位の評価の土地で

すが年貢の対象にされた私有地です。百姓の屋敷裏などにつながる土地が居山で、ここに果樹や桑、綿などが植えられ私有地化したものもありました。

五日市でこうした入会地、切畑、居山などに植林が行われるようになったのが天明、寛政のころからです。深沢村の名主家の深澤茂平（深澤権八の祖父で千人同心の株も購入「左衛門」と名乗る）は人望もあり、こうした植林に成功した人で、後に深澤家が五日市第二の資産家になる土台になりました。

このように植林で育てられた杉が、五日市から「青梅材」として江戸に運びこまれることになります。この運送手段として発達したのが筏でした。筏に組まれる前の杉は秋川の上流、支流から1本ずつ流されます。これを「管流《くだ》し」といいます。一定の川幅になり筏を組む場所（河川敷）を「土場《どば》」と言ってここで筏に組まれます。その上荷として炭や杉皮が積み込まれ江戸・東京に運ばれました。

どのくらいの筏が多摩川を流れて江戸に運ばれたかというと、1788（天明8）年の登戸村の筏運上取立場の記録があり、約2万枚の筏が流され、そのうち秋川からは5千枚ほどでした。天保期（1830〜1843年）が筏の最盛期といわれます。

この筏業は昭和の初期まで続きました。植林や筏業が大きな財をなすことになった理由です。江戸と筏で直結していた五日市にはいち早く江戸の情報はもとより知識・文化が持ち込まれ先進地・五日市が生まれました。

筏流し（大正期）　提供：あきる野市教育委員会

五日市は江戸に徳川幕府がひらかれ、日本の首都として世界第一の百万都市との結びつきによってその隆盛をきわめました。

五日市・星竹に黒山家があります。黒山家は深澤家と同じように筏の総元締めの高尾家から嫁を迎え、筏の元締業をしていた家です。当時の黒山家の当主・儀三郎は、江戸末期（１８５９・安政６）から明治末期（１９１１・明治44）にかけて「日記」を残しています。

黒山家の好意であきる野市教育委員会から出版されている『儀三郎日記』では当時の世相や人々のくらしがよくわかります。たとえば、新吉原で火災があったことが記され、その後材木の買い付けに動く様子などが記されています。

五日市は養蚕ベルト地帯

もうひとつ、五日市に新しい知識や文化を持ち込むことになったのは養蚕と絹の生産です。

五日市は関東平野と関東山地が接する地域に発達した集落（谷口集落）です。米作がほとんどできないという地理的条件のもとで、産業として養蚕が発達します。秩父事件を起こす秩父市などにつながる養蚕ベルト地帯です。

1854（安政1）年、幕府は日米和親条約、下田条約を結び鎖国を解きます。海外との貿易が始まると、最大の輸出品は生糸です。明治時代になるとこの生糸の輸出は増大します。五日市は、この絹をつうじて、集積地としての八王子、貿易港としての横浜と新たな接触が始まり、知識・文化が持ち込まれます。

市・筏・絹が生み出した〝富農層〟

内山家の用心棒（明治末期）
提供：あきる野市教育委員会

市の町として発展した五日市は、経済の面でも商人を含む「富農層」という階層を生み出しました。

この富農層といわれる家は名主などを含めて次にその家を継ぐ立場の跡継ぎを教育しました。幕末から明治初期の教育は漢学が主体です。五日市にも漢学塾があり、漢学などを学んだ青年たちが明治初期の学習結社・五日市学芸講談会の中心になっていきます。

世襲名・内山安兵衛という家がありました。内山家は、質屋を営み、黒八丈《くろはちじょう》の商い（専売権）など市を通じて莫大な利益を生み出しました。これらを土台に幕末には、五日市一の地主に成長、その地位を確固にしています。

1876（明治9）年の地租改正時に内山家が五日市11カ村に所有する土地所有面積は110町歩をしめました。黒八丈は、五日市地方の特産物の絹の泥染めで、武士などから襟や袖口などに利用され「五日市」という名で全国に広まりました（松本清張の短編集『黒い画集』の「天城越え」の中にも「五日市」・黒八丈のことがでてきます）。

この内山家の八代・内山安兵衛（幼名末太郎）は、15歳で五日市学芸講談会に参加、16歳で会長（当時は名主）となっています。深澤権八の生家・深澤家も林業と筏の元締業を営み、木材や薪炭を江戸に供給する商品流通者として、幕末にその財力を蓄積しました。同時期、深澤家は68町歩の土地を所有する五日市第二の富農に成長しています。

こうして五日市の富農層は、蓄財した財力をもって、支配階級としての武士の独占的所有物であった学問や文化的教養を掌中におさめることが出来るようになります。

彼らは、江戸の文化人や旅人を自宅に招請して新しい知識・文化を吸収しています。こうした富農層によって明治の新しい時代のありかたに関する啓蒙活動がおこなわれるようになりました。

この啓蒙活動は、明治に入ると村政自治に密着し、五日市学芸講談会のような積極的な学習活動も通じ、若き民権家を育成、自由民権運動の基礎をつくってゆきます。

3　五日市学芸講談会とは

学習結社「五日市学芸講談会」

五日市学芸講談会が結成されたのは１８８０（明治13）年４月ごろといわれます。

最近、五日市学芸講談会に参加した村野金八・文次郎親子の子孫が五日市郷土館に寄せた新しい資料があります（村野家文書）。１８８０（明治13）年５月14日附で集会条例に基づき八王子警察に提出された文書です。

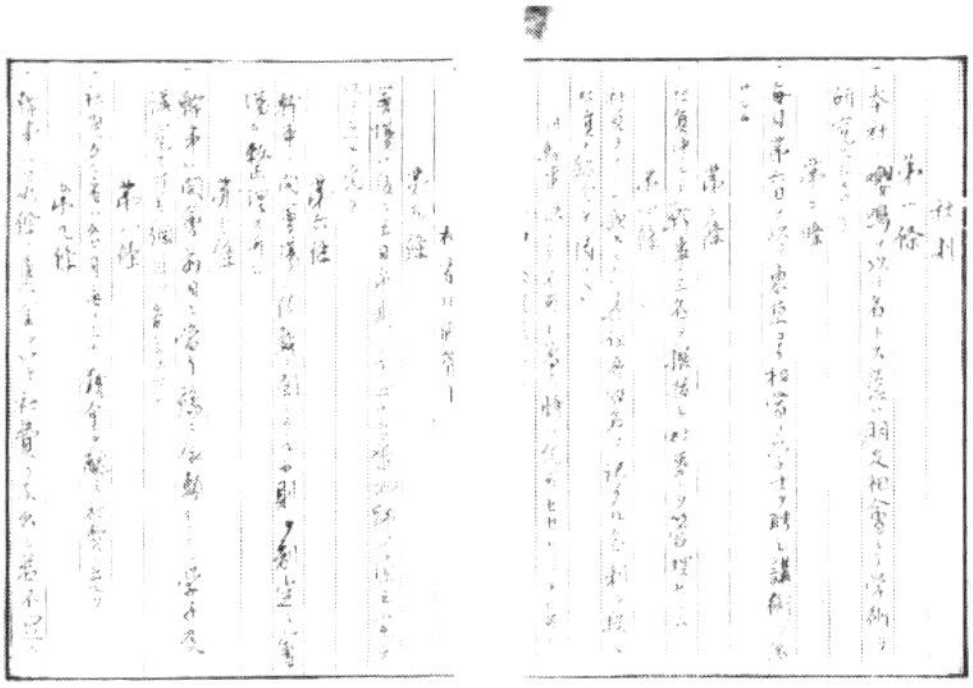

五日市学芸講談会社則　提供：あきる野市教育委員会

社則第一条に「本社ハ嚶鳴ヲ以テ名トス意ハ朋友相會シテ学術ヲ研究スルニアリ」として嚶鳴社支社として発足していたことを示しています。

幹事は4人で、土屋勘兵衛、深澤権八、土屋常七、馬場勘左衛門とあります。五日市学芸講談会と名乗るようになってからも深澤権八、馬場勘左衛門は幹事として残ります。他の2人は大福清兵衛（伊奈村）と大上田彦左衛門（戸倉村）で会は隣村にまでその活動範囲を広げていたことを示します。

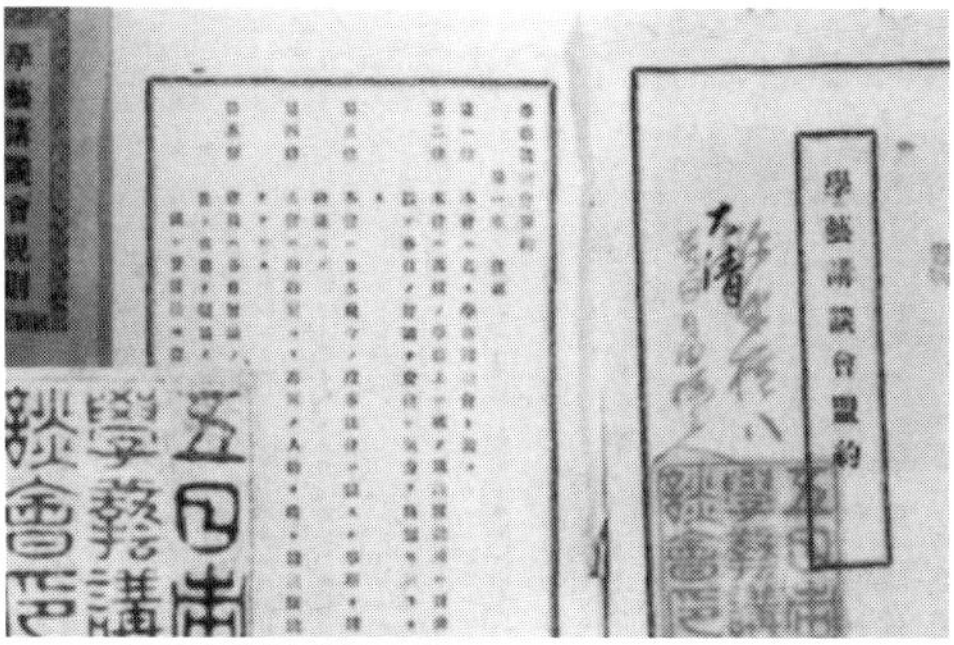

五日市学芸講談会盟約　提供：あきる野市教育委員会

このように当時19才の青年・深澤権八が、学芸講談会の中心的な役割をはたしました。

五日市学芸講談会は、「学芸講談会盟約」において、「本会ハ万般ノ学芸上ニ就テ講談演説或ハ討論シ以テ各自ノ知識ヲ交換シ気力ヲ興奮セン事ヲ要ス」（第二条）としてその目的を明らかにしています。同時に政治結社としてではなく学習結社（「本会ハ日本現今ノ政事法律ニ関スル事項ヲ講談論議セス」学芸講談会規則第三条）として結成されています。理由は、明治政府による言論にたいする抑圧・弾圧政策がはじまったことによると見るのが妥当でしょう。組織は、「私擬五日市討論会概則」（十二条）、「学芸講談会盟約」（十八条・付則七条）、「学芸講談会規則」（十六条）によって規定されています。

これによると、「凡ソ人ハ公平無私ニシテ人ヲ愛ス己ノ如ク」であり、会員はともに、「自由ヲ開拓シ社会ヲ改良スルノ重キニ任シ、百折不撓、千挫不屈ノ精神ヲ同ク」し、会員同志は、「互ニ相敬愛親和スル事一家親族ノ如ク」であるとしています。

徹底した平等思想があり、参加する人の職業、身分も無制限であらゆる階層の人々が参加しています。回状をみると、事前に討論議題を通知しています。その回状には、

「三白　来ル九月五日討論会議題予定スル左ノ如シ
○一局議院ノ利害
○米穀ヲ輸出スルノ得失
○死刑廃スヘキカ
右御参考之タメ御通知致候也」

とあります。

63項目の討論題

討論会の開催日は、毎月3回、五日市の市の日で人が集まりやすい日に設定してい

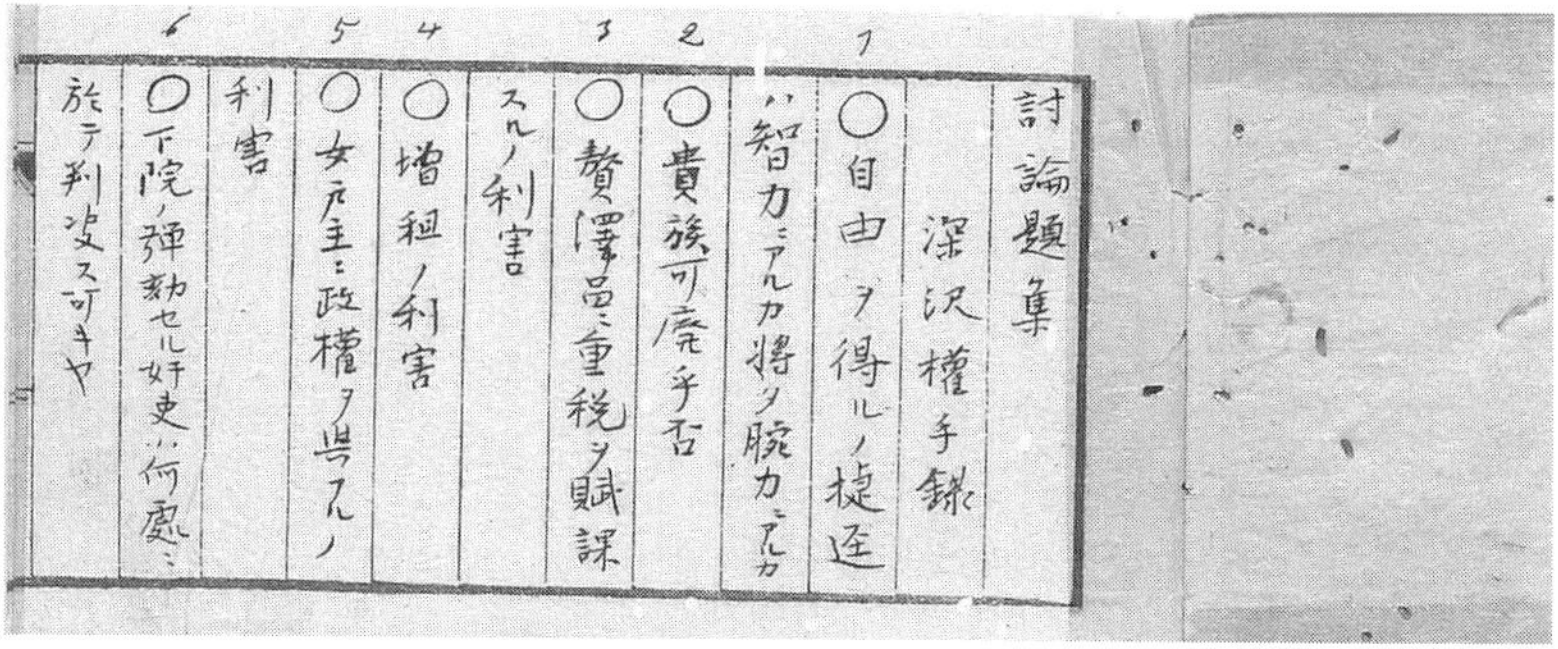
討論題集　深沢権手録
1 ○自由ヲ得ルノ捷逕ハ智力ニアルカ将タ腕力ニアルカ
2 ○貴族可廃乎否
3 ○賛澤品ニ重税ヲ賦課スルノ利害
4 ○増租ノ利害
5 ○女戸主ニ政権ヲ与ルノ利害
6 ○下院ノ弾劾セル奸吏ハ何処ニ於テ判決ス可キヤ

深澤権手録・討論題集　提供：深澤篤彦氏

ます。

どのような議題を論議したかというのは、「深澤権手録」に「討論題集」があり63題がのっています。主なものをあげると、「5女戸主ニ政権ヲ与フルノ利害」、「7国会ハ二院ヲ要スルヤ」、「9議員ノ選挙ハ税額ト人口ノ何レニ由ルベキヤ」、「10女帝ヲ立ツルノ可否」、「13中学ノ教科書ニ政治書ヲ加フルノ可非」、「16西郷隆盛ト大久保利通ト優劣如何」、「23人民武器ノ携帯ヲ許スノ利害」、「27議員ニ給料ヲ与フルノ可否」、「28皇居ヲ都鄙何レニ置ク可キヤ」、「35外国ノ資本ヲ内地ニ入ルノ利害」、「51甲男アリ、有夫ノ婦乙女ト道路ニ於イテ接吻セリ其処分如何」、「57離婚ヲ許スノ可否」、「59陪審官ヲ設クルノ可否」などです。

どのように討論したかということは、「私擬五日市討論会概則」に明らかにされています。

まず、討論題の発議者が自らの論旨を述べる（15分）。次に、賛成者は直ちにその理由を述べる（10

分）、各自1回は必ず発言しなければならないことなどが示されています。討論ののち、議長は起立によって決をとります。さらに、次回の議題を出させ、多数の賛成者があったものを次回の議題に決したのち散会する（以上、第六条）としています。また、一度発言した論旨は、二度と変更することができない（第七条）、討論が終了できなかった場合、次回に持ち越すことなどが定められています。

この五日市学芸講談会が一時停滞していた雰囲気を一掃し、研究討論を活発化することになったのが、全国13万余の代表67名が参加した第2回国会期成同盟大会（1880〈明治13〉年11月10日・東京）です。この大会の議目第四条において「来回には、各組憲法見込案を持参す可し」が決議されたことによります。

千葉卓三郎や深澤権八らの深い学習と五日市学芸講談会での論議を結実させたものが卓三郎起草の「五日市憲法草案」です。

千葉卓三郎と深澤名生・権八親子の出会いと深い交流、そして、五日市学芸講談会などでの議論が五日市憲法草案を生み出す土壌でした。欧米先進諸国の憲法や人権宣言などのまる写しではなく、明治初期の農村社会の人々に受け容れられる自前の憲法草案が生まれました。知的エリートの机上での作文にとどまることのない民主的な五日市憲法草案が生まれました。

自由民権運動の中でつくられた私擬憲法

家永三郎氏によれば、大日本帝国憲法公布前の個人・団体の憲法草案は、40編余発見されており、そのうちの28編が、1879（明治12）年～1881（明治14）年の自由民権運動の最盛期に作成されていることを明らかにしています（家永三郎編『日本の歴史5』39頁）。

特に注目すべきは、1881（明治14）年に起草が集中していることです。それには、次のような理由があります。

1875（明治8）年に、土佐の立志社を中心に愛国社が結成されますが、ほとんど活動せず自然消滅してしまいます。

1878（明治11）年4月になると、植木枝盛らが愛国社再興のため遊説を開始します。そしてこの年の9月11日、板垣退助や植木枝盛らによって愛国社再興大会が大阪で開かれます。翌1879（明治12）年3月に愛国社第2回大会、11月に第3回大会が開催されます。この第3回大会において、国会開設願望を当面の運動方針とすることが決定されています。

1880（明治13）年の3月に開かれた愛国社第4回大会において、別に国会期成同盟を発足させることが決議され、この国会期成同盟の大会が開催されました。この大会で国会開設の上願書の提出が決定されています。

この年の11月10日、東京で、国会期成同盟の第2回大会が開催され、次の国会期成同盟大会までに憲法見込案を起草・持参することを決議するとともに、「大日本国会期成有志公会」と改称します。

このようにして、1881（明治14）年の4月に、交詢社の「私擬憲法案」、5月に立志社の「日本憲法見込案」、6月に千葉卓三郎の「五日市憲法草案」、8月には植木枝盛の「東洋大日本国国憲按」などが起草されています。

五日市憲法草案記念碑

五日市憲法草案は、全文二〇四条からなります。この中から、五日市憲法草案の特徴を示す六条が刻まれた記念碑が五日市町（当時・五日市中学校敷地内）、仙台市北山の資福寺（千葉卓三郎の墓所）、志波姫（現・栗原市・千葉卓三郎の出生の地）の3カ所にたてられています。

これは、五日市憲法草案起草百年を記念し、「千葉卓三郎の名を永久に歴史に刻し、民主主義の発展に資するため」として建立されました。

相沢源七氏（元仙台一高教諭・元宮城県高等学校社会科教育研究会歴史部会長）、逸見《へみ》英夫氏（仙台郷土研究会理事）らが記念碑建立を企画、広く宮城県内有志と五日市町（当時）に呼びかけて実現したものです。

革新的伝統愛す者の賞賛博す

宮城県栗原郡志波姫町（当時・現栗原市、千葉卓三郎生誕の地）の記念碑除幕式において五日市憲法草案の発見者の色川大吉東京経済大学教授の記念講演がおこなわれました。この記念講演をはじめ資料集をまとめたものが記念誌「民主憲法の父千葉卓三郎」（１９８０年）です。

五日市憲法草案記念碑

この記念誌の「歴史に残る偉業―記念誌発行によせて」の一文で色川大吉氏は、千葉卓三郎の顕彰運動に尽力し記念碑をつくりあげたことは、「必ずや日本の革新的伝統を愛する多数の国民の賞賛を博するものでありましょう。」と述べています。

第3章　五日市憲法草案は誰が書いたのか

1 起草者千葉卓三郎について

ナゾの人物、その調査

五日市憲法草案が発見された当時、千葉卓三郎という人間の存在は、歴史の記録、多摩の民権運動の中にも残されておらず、全くナゾの人物でした。多摩の民権運動に詳しい東京経済大学の色川大吉教授も知りませんでした。そのため、千葉卓三郎という人物をつきとめるために、関係者の大きな努力が必要でした。

五日市憲法草案が発見された翌年（1969年10月10日）、発見者の色川大吉教授が「民衆憲法を生み出した山村共同体（コンミューン）」という題で、都立五日市高校で講演をしています。ここで千葉卓三郎探索の苦労が語られています。

色川研究室の副手だった江井秀雄氏、大学生だった新井勝紘氏によって卓三郎の探求が行なわれます。まず、江戸時代の戸籍だった「宗門人別帳」を調べる、さらに文字の特徴を見る筆跡鑑定をする、このような努力をされました。

千葉卓三郎肖像　提供：あきる野市教育委員会

こうした調査の結果、千葉卓三郎は、五日市の人ではないということがわかります。

「寄《き》留《りゅう》人《にん》名簿」を見せてもらおうと五日市町役場に行きました。ところが、当時の五日市町役場は、「もちろん協力してくれない」（色川氏）とのことでした。

そこで、別の方法で調べがすすめられます。千葉卓三郎が五日市小学校の前身の勧能学校の教師（助教）をしていたことがわかりました。勧能学舎（明治8年から勧能学校）の初代校長が永沼織之丞で戊辰戦争のときは仙台藩の農兵隊長でした。この永沼織之丞が仙台から2〜3人ひきつれて、この学校にやってきたということがわかり卓三郎は仙台の出身では?ということで調査がすすめられます。

こうして、江井秀男、新井勝紘両氏が仙台市に行きます。これも色川氏曰く「仙台は百万にちかい都市で、市役所も大きくなると気宇雄大《（ママ）》ですから、非常に親切に懇切丁寧に捜してくれた」とのべています。仙台市役所でわかったことは、千葉家というのは、志波姫町（現栗原市）、一関、仙台に若干あるとのことで、小さいところから捜せということで、両氏が車で岩手県境の志波姫町を訪ねます。これも新井勝紘先生から聞いた話ですが、「到着したのは3時をすぎていた。役場の人たちは大変親切に全面的に協力してくれた。そして、やっと千葉宅之丞という戸籍を見つけた」とのことです。

志波姫町役場は、立派な憲法を書いた男の調査のために東京から研究者がかけつけたということで、退庁時間を延長して、戸籍係りから助役までが倉庫に入り込んで戸籍を調べてくれました。

仙台藩士の子

千葉卓三郎は、明治5年の※壬申戸籍から、仙台藩下級藩士（仙台藩御不断組・郷士）千葉宅之丞の実子ということがわかりました。

生誕の地は、陸前国刈敷村字大西十五番地（後の白幡村二百二十番地・今は栗原市志波姫）で、1852（嘉永5年）6月17日生まれということがわかりました（戸籍名は宅三郎）。

不遇の出生・千葉卓三郎

宅三郎（五日市にきた当時は卓三郎）の出生は、大変不遇でした。千葉宅之丞は先妻をなくし後妻（さだ）を迎えていますが、相続すべき子どもがありませんでした。当時は、武家に相続すべき男子がないとその武家は断絶されてしまうことになります。

千葉家に残されていた文書から、夫婦協議のうえ妾を迎えたとあります。「ちかの」

※壬申戸籍　1871（明治4）年に戸籍法が公布され、翌1872（明治5）年・壬申の年に成立した初の全国的戸籍。戸を単位に全国民を政府が把握した。

という女性との間に生まれたのが宅三郎でした。ところが、宅三郎が生まれる前に宅之丞が危篤となります。家の断絶をまぬがれるため親類が協議の上、宅之丞の先妻の里子を養子と定めて千葉家が断絶をまぬがれます。それが、卓三郎の義兄、士族・千葉利八です。

宅三郎は3歳の時に生母「ちかの」から引き離され、養母「さだ」（宅之丞未亡人）によって育てられます。出生の直前、実父と死別、3歳で生母とも生別、世継ぎとしての資格もないという不遇の人でした。

戊辰戦争・会津への突破口・白河戦争

1868（明治元）年、徳川十五代将軍慶喜は、「大政奉還」をし、「王政復古」がされ徳川幕府は崩壊します。

当時の奥州各藩は、薩長政府に抵抗します。のちに奥羽越列藩同盟がつくられます。薩長政府の追撃の最大の目標は、幕末に京都守護職を務め十五代将軍と行動を共にした徳川家家門の会津松平家（藩主容保《かたもり》）でした。会津藩や庄内藩は、東北地方に東京の薩長政府とは別の政府の樹立も考えていました。「白河以北一山百文」と薩長政府にバカに

卓三郎生誕の地跡（栗原市）

され続けた東北は、明治初期の自由民権運動の時も東北に新しい政府を作ろうと動いています。

薩長政府にとって会津藩はどうしても残しておけない藩でした。会津に入るには白河口、日光口、新潟口があります。板垣退助など率いる政府の主力軍は奥州街道、白河口から会津を攻めます。会津藩は筆頭家老・西郷頼母を総指揮官とした主力軍をこの白河に投入しました。小峰城といわれた白河城は、かつては十一代将軍当時の老中松平定信（八代将軍吉宗の孫）の居城でしたが、当時城主はおらず二本松藩の預かり城でした。

1868（明治元）年、この白河城を中心に※戊辰戦争の緒戦、白河の激戦がたたかわれました。奥州各藩からもこの白河戦に出陣しています。仙台藩の一員として、卓三郎も軍卒（志願）となり、この白河戦に2回にわたり出陣しています。千葉卓三郎17歳の時です。この白河戦は、会津藩をはじめ奥州各藩が敗れます。以後、政府軍は、抵抗を続けた二本松藩の「※二本松少年隊」の悲劇を残し、母成峠を突破、十六橋、戸の口原を経て会津城下へとすすみます。

会津藩は、籠城戦で政府軍に対抗します。筆頭家老西郷頼母一族21名の集団自刃、※白虎隊や※娘子軍の自決や戦死という悲劇を生む会津戦争となります。

※戊辰《ぼしん》戦争　1868（慶応4・明治1・戊辰の年）から翌年に新政府軍と旧幕府側が戦った戦争。鳥羽伏見の戦い、彰義隊の戦い（上野戦争）、会津戦争、函館戦争などをいう。

※二本松少年隊　戊申戦争に出陣した二本松藩の12歳から17歳の少年兵部隊。62名の隊員中16名が戦死している。戊辰戦争50回忌での「二本松戊申少年隊記」以降から、「二本松少年隊」と呼ばれるようになった。

千葉卓三郎の学問の遍歴

戊辰戦争・白河戦に志願して参戦した千葉卓三郎は敗軍の一員となります。卓三郎のこの敗戦の体験と、郷里に戻っても千葉家を相続することができなくなっていたことなどがその後の学問の探求と遍歴につながってゆきます。

卓三郎は、１８６３（文久３）年、11歳で仙台藩校養賢堂塾頭の大槻磐渓に漢学を学びます。この漢学が卓三郎の学問の基礎になります。卓三郎は、医師を志し石川桜所（松島）に入門します。ところが石川桜所が十五代将軍慶喜の侍医を勤めたという理由で新政府に捕えられ、卓三郎は師を失ってしまいます。

翌年１８６９（明治２）年、卓三郎は皇学を学ぶため鍋島一郎に師事します（17歳）。１８７２（明治５）年、卓三郎は刈敷教会で、酒井篤礼（イヲアン）からハリストス正教の啓蒙、伝道をうけています（20歳）。翌年１８７３（明治６）年、入信を決意した卓三郎は、上京し神田の教会でニコライ神父に洗礼を受けます。洗礼名はペートル（白徳）です。以後、郷里にもどった卓三郎は、酒井篤礼（イヲアン）と共に伊豆野教会、若柳教会、若柳十文字教会、佐沼顕栄会など仙北地方で熱心な布教活動を行います（21歳）。

ところが１８７４（明治７）年、「神仏に対する不敬の罪あり」として、神官、僧侶に告発され警察に逮捕されます。こうして卓三郎は、水沢県庁のあった登米《とよま》の監獄に

※白虎隊　会津戦争（戊辰戦争）で会津藩が組織した16歳、17歳の武家の男子で編成された少年兵部隊。全体は340名ほどからなるが、士中2番隊20名の飯盛山での集団自決（飯沼貞吉のみ一命をとりとめる）は有名。

※娘子《じょうし》軍　会津戦争（戊辰戦争）で、武家の婦人によって結成された「婦人決死隊」のこと。約20名が参加し戦死者も出している。最後は会津若松城に入城し籠城戦に合流。

100余日投獄されます。

卓三郎は獄中でも熱心な信者として、自分の獄衣の糸を抜いて飯粒と練りあわせて十字架を作り、神に祈りをささげていました。

同房の死刑囚の死刑執行が決まった時には十字架を与え、教えをとき、洗礼まで授けたといいます。これが監獄側の激怒をかい、令状なしに刑期を延長されています。

出獄したときは「片鬢、片眉を剃り落とされて、鉄鎖で繋がれ、惨憺たる苦役を強いられた卓三郎が流刑囚のような姿になって……」と記録が残されています（石井喜三郎『日本正教伝道誌』1901年）。卓三郎22歳の時でした。

1875（明治8）年、出獄した卓三郎は、神に帰依することに迷いを持ち、一転して、儒学の安井息軒の門をたたきます（23歳）。1876（明治9）年には、仏人ウィグローにカソリックを、翌年1877（明治10）年には、福田理軒に洋算を学び、その年のうちに米人マグレーにつき1879（明治12）年ごろまでプロテスタントを学びます（25歳～27歳）。

このころ、卓三郎は、秋川谷各地の大久野村（現日の出町）、川口村（現八王子市）などで小学校の教師（助教）をしています。1879（明治12）年12月から翌年の4月までは、東京麹町で商業にも従事しています（27歳）。

明治新政府軍とたたかった東北諸藩の武士は、賊軍の一員とされました。そのため新政府の官職につけるということはほとんどありませんでした。

明治5年に学制発布がされます。この学校教師か警察官が当時の東北士族がありつけた職業でした。1881（明治14）年4月の卓三郎の履歴書には、「従来官途ニ奉職至候事無之候」とあり、一度も官職にはついていないことを明らかにしています。

2 千葉卓三郎の思想と制法論

明治政府を厳しく追及

卓三郎は、1882（明治15）年、明治政府が集会条例を追加改正して自由民権運動を激しく弾圧しはじめたことを強く批判しています。「浅智狭量ナル明治政府」が、懇親会や学術会まで弾圧するようになった状況を指摘し、「浅智狭量政府ノ命数ヲ短縮シ、脈度ヲ滅却スル」ことになり、人民の反発を招くだけで、「自カラ自分ノ命ヲシテ死地ニ陥ラシムル」と述べています。この書簡は「草津紀行」という手紙に同封されてきたものです
卓三郎は、五日市憲法草案を起草した1881（明治14）年には肺結核に蝕まれ始めていました。当時、結核は不治の病で病状は悪化するばかりでした。卓三郎の病状が悪化すると権八ら五日市の友人たちはカンパ（50円）を集めて卓三郎を草津の温泉

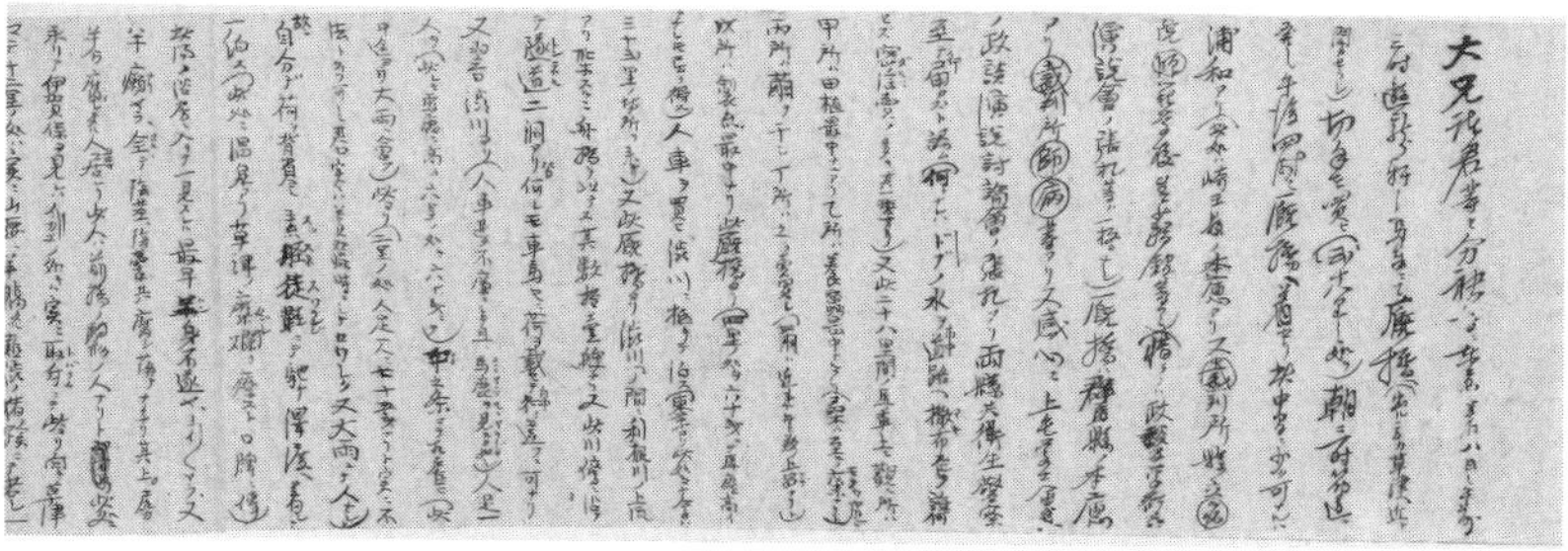

卓三郎から権八への手紙「草津紀行」　提供：深澤篤彦氏

治療に送り出しています。その草津行きは浦和までは馬車で行き、厩橋からは人力車も利用、草津の宿に着くまでと草津に着いてからの様子が書かれています。草津では60日ほど療養しています。この草津までの状況報告と礼状が深澤権八にきています。これが「草津紀行」と呼ばれる書簡です（1882・明治15年6月11日付「深澤家文書」）。

「法律格言」に見られる人民主権

卓三郎は、「フランス国法学大博士ボアソナード」にちなんで自らを「ジャパネス国法学大博士タクロン・チーバー氏」と諧謔的に自称しています。そして、明治11年刊・元老院蔵版のブーヴィエール著の『法律格言』を「タクロン・チーバー氏法律格言」と書き換え、深澤親子に「校閲」を頼んでいます。

十九条を書いていますが、卓三郎の思想が人民主権であったことを示す確かな資料です。一例を紹介しますとブーヴィエールの『法律格言』では「国王ハ決シテ死セズ」ですが、卓三郎は「国王ハ死ス国民ハ決シテ死セズ」と書きかえています。（深澤家文書・三多摩自由民権史料集231頁）

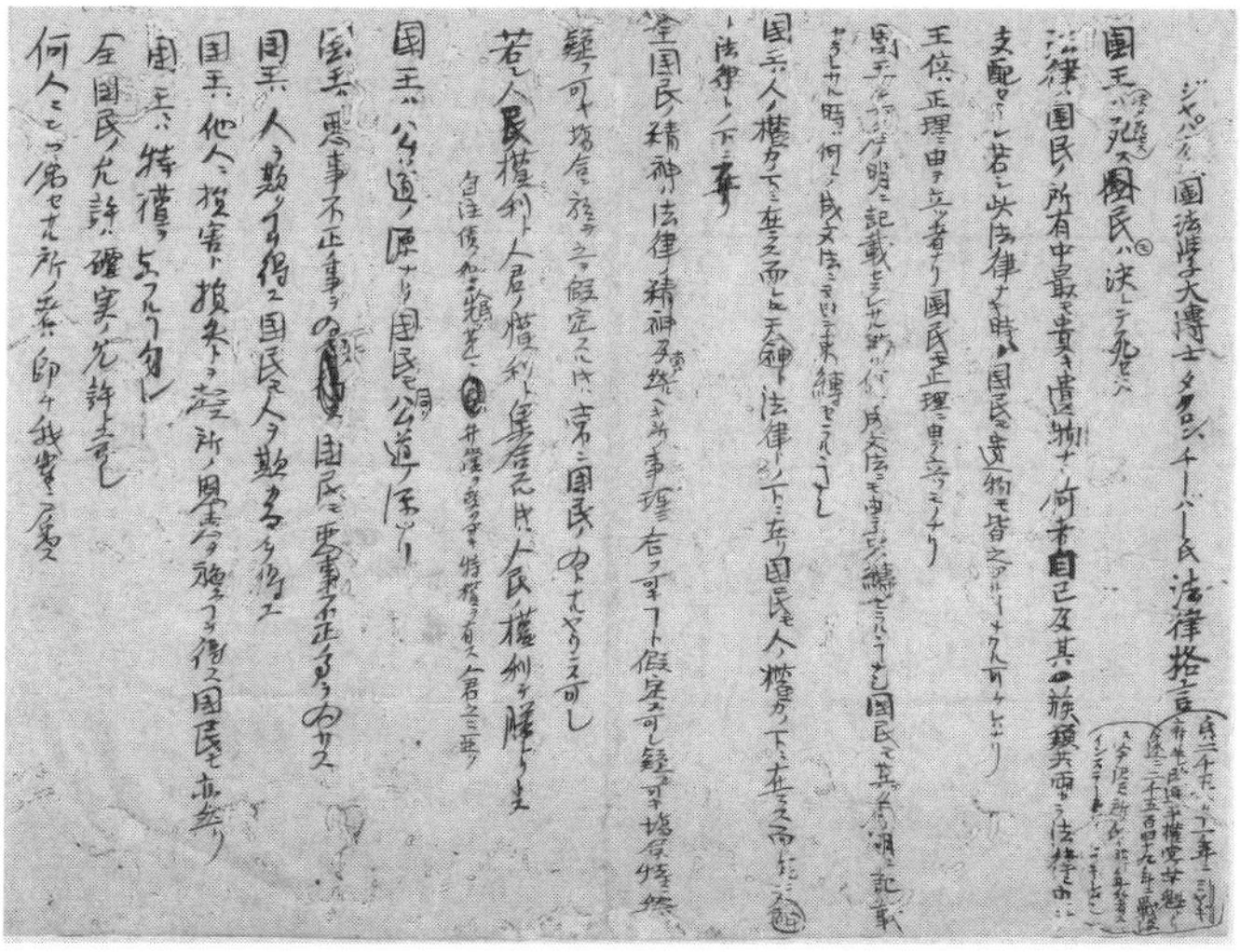

法律格言（タクロン・テーバー氏）　提供：深澤篤彦氏

「皇帝」ではなく「国帝」

明治初期の私擬憲法は、そのほとんどが「立憲君主制」の立場で「五日市憲法草案」も例外ではありません。その「君主」を「東洋大日本国国憲按」（植木枝盛）も「嚶鳴社草案」も「皇帝」という敬称で規定しているのに対して、「五日市憲法草案」（千葉卓三郎）は、嚶鳴社草案などを参考にしていながらも、「皇帝」を「国帝」と書き換え敬称を使っていません。国民に主権があると考えていた千葉卓三郎の思想の反映ではないでしょうか。

千葉卓三郎の制法論

千葉卓三郎は、「進取雑誌」第1・2号（1881・明治14年2月）に掲載された国分豁《とおる》（仙台の民権家で進取社員）の「製法論」を参考にしています。国分豁の「製法ノ本源」（Origin of Legislation）は、「時勢ヲ察シ、時俗ヲ揣《はか》リ、民情ヲ視」る、というものです。すなわち、「道理に遵う」「時世に適する」「風土を察する」ことが法律をつくるうえでの必須条件であるという理念です。

国分は、「法律ナルモノハ人民アリテ而シテ后ニ生スルモノ」「法律ノ制定改良ハ一ニ人民ノ意向如何ニ従ハサルヘカラサルヤ」と述べています。卓三郎はこの製法論に大いに共鳴して、1881（明治14）年の「備忘録（抄）」に克明にメモしています。卓三郎のメモにも「制法ノ本源ハ道理ニ遵フナリ」「時勢ヲ察シ、時世ニ適スルナリ　時俗ヲ揣《はか》リ　風土ヲ察スルナリ　民情ヲ視」ることが大事だと書いています。

そして公孫鞅、淮南子、慎子、文子、ベイコン、モンテスキー《キュー》、ブルンチュリー、ドラクルチュー、ビーデルマン、ベンサン《ム》、スミッ《ミ》スなどの言葉がメモされています（「三多摩自由民権資料集」233頁）。このように、国民に受け入れられる憲法の作り方を、中国や西欧の思想家や法律家たちの制法論から学んでいます。

死を直前にした2つの論文

卓三郎は死の直前に2つの論文を残しました。「王道論」（1882・明治15年秋）と「読書無益論」（1883・明治16年春）です。

王道論

千葉卓三郎のいう王道とは、「広く会議を興し、万機公論に決すべき」というものです。「有極ヲ建テ、大同ニ従フ者ハ王道ナリ、有極ヲ建ツルハ憲法ニシテ、大道ニ従フハ国会ナリ、憲法ヲ建テ、以テ国会ヲ設クルハ、立憲ノ政体ナリ」と述べています。

この千葉卓三郎の「王道論」について、哲学者で成蹊大学教授の市井三郎氏が「千葉卓三郎の王道論について」という論文で述べています。

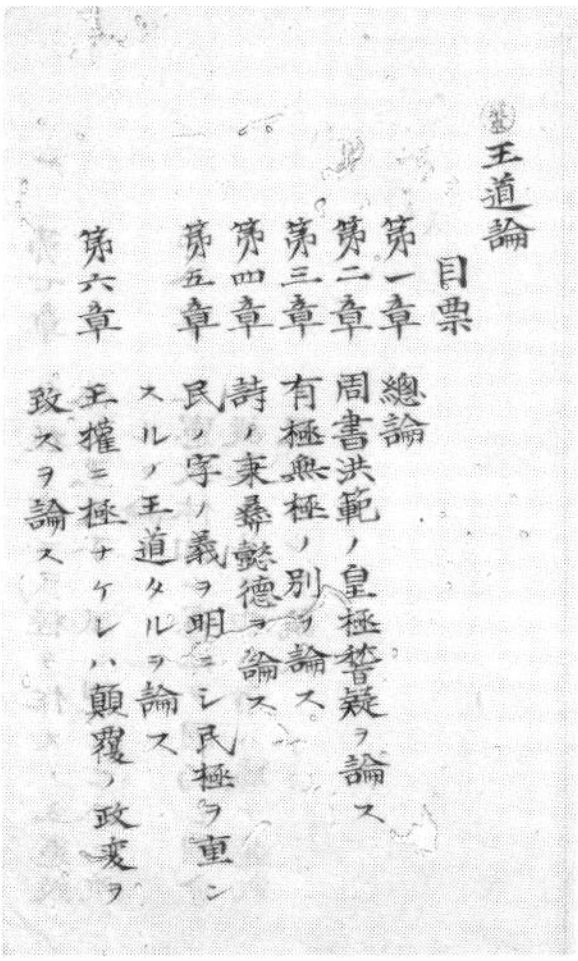
王道論

目票

第一章　總論

第二章　周書洪範ノ皇極稽疑ヲ論ス

第三章　有極無極ノ別ヲ論ス

第四章　詩ノ秉彝懿徳ヲ論ス

第五章　民ノ字ノ義ヲ明ニシ民極ヲ重ンスルノ王道タルヲ論ス

第六章　王權ニ極ナケレハ顛覆ノ政變ヲ致スヲ論ス

王道論（1882・明治15年）
提供：深澤篤彦氏

それによると、この「王道論」は、ルソー、ミル、スペンサーなど有名な政治学者、自由主義哲学者とほとんど同じような議論を展開している「誠に驚くべき哲学論文である」、しかも、「ルソー、ミル、スペンサーらの言葉を借りないで、東洋の言葉で、しかも、中国の古代の文献を駆使して、※大槻磐渓に師事して学びとった漢学（儒学）の知識をもとに、漢文で縦横に書き表している」、「西洋の知識をただくっつけあわせた、糊と鋏でつぎ合せたというものではない」と高い評価をしています。

読書無益論

もう一つの「読書無益論」は、読書が無益だといっているのではありません。卓三郎は自らの人生を振り返り、人生や社会の真実を知るのに、本にだけ頼って学ぶことはできない、ただ本の虫になるような読書は無益だということを述べています。

卓三郎の学問は多彩にわたっていますが、「自分は一つとして、それらを大成することができなかった」、「一事専修せよ」、すなわち一つのことを専ら修めるようにした方がよい、ということを死の直前に書き残しました（『志波姫建碑誌』1980〈昭和55〉年77頁）。

3 深澤家とのかかわり

学問の家系・深澤家

深澤家は、戸数23戸、人口130人、村高45石という※深澤村の世襲名主家です。

※大槻磐渓　江戸時代後期から明治初期に活躍した漢学者。幕末期、仙台藩校・養賢堂塾頭も務めた盤渓は、仙台藩論客として奥羽越列藩同盟結成に貢献、戊辰戦争後は戦犯として蟄居幽閉された。

※深澤村　江戸時代から明治初期の東京西部の村の一つ。地方制度の変遷を経て1955（昭和30）年、五日市町の誕生で五日市町深沢となる。1995（平成7）年、あきる野市深沢となる。

深澤家は小さな村の名主でしたが、深澤権八の祖父・清水茂平（深澤姓は明治になってから）は、人格的にも優れた人で村民の信望もありました。植林は「※入会地」にまで及びますが、村民の信望なしにはなしえません。五日市でその植林に成功した人です。

さらに、筏業の総元締の高尾家から嫁を迎え、高尾家当主らと組んで筏の元締として一山村の林業家だけではなしえなかった財をなします。茂平の跡を継いだ深澤家の当主が名生《なおまる》で同じく高尾家から嫁を迎えています。名生の長男が権八です。共にたいへんな読書家であり勉学にはげんだ学問の家系でした。そして林業と筏業でなした財は、勉学家だった深澤親子が学ぶ膨大な書籍・資料の購入を可能にして、私設図書館といわれる深澤家の蔵書となりました。

利光鶴松《としみつつるまつ》が残した手記で、「深澤権八氏ハ五日市地方ノ豪農ニシテ、頗ル篤学ノ人ナリ　東京ニテ出版スル新刊ノ書籍ハ　悉ク之ヲ購入シテ書庫ニ蔵シ居タリ　氏ハ余ニ対シテ　氏ノ蔵書ハ好ムに任セテ　之ヲ読ムノ絶対自由ヲ与ヘラレ　余ハ読ムベキ書籍ニハ　曾テ不自由ヲ感ジタルコトナシ」（『利光鶴松翁手記』116頁）と述べています。

深澤権八

※入会地　村や部落などの村落共同体で総有した土地で、薪炭、用材、肥料用落ち葉などを採収できた山林。

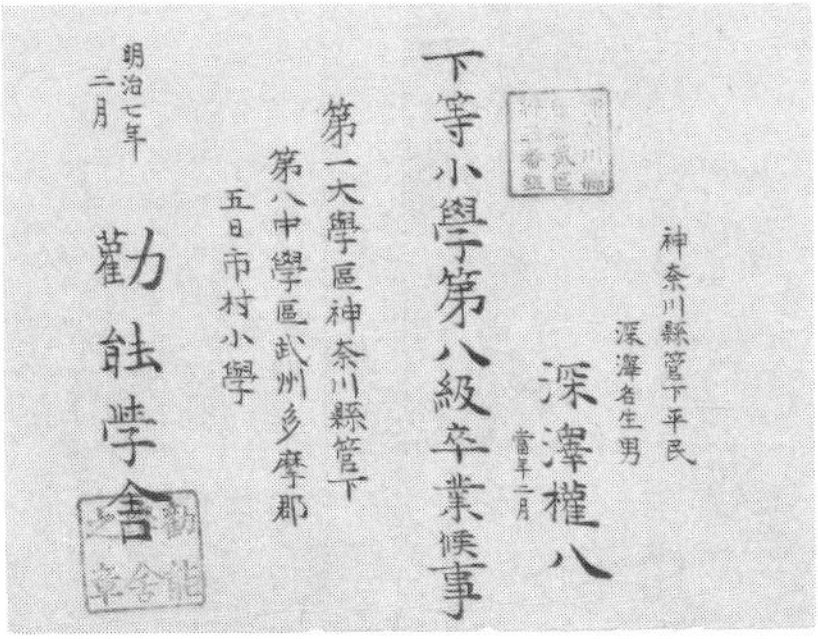
神奈川縣管下平民
深澤名生男
深澤權八
當年十二月
下等小學第八級卒業候事
第一大學區神奈川縣管下
第八中學區武州多摩郡
五日市村小學
明治七年
二月
勸能學舍

深澤権八の卒業証書①（小学第八級）　提供：深澤篤彦氏

深澤権八肖像　提供：あきる野市教育委員会

後に千葉卓三郎を師として親交を結び、五日市憲法草案作成で千葉卓三郎の片腕といってもいい仕事をしたのが深澤権八です。権八も勧能学舎《かんのうがくしゃ》（明治八年に勧能学校と改める）に入学します（権八、13歳）。

権八が小学校に在籍したのは1年あまりです。二つの卒業証書が残されています。一つが１８７４（明治7）年2月の「下等小学第八級卒業候事」、同じ年の3月に「下等小学第四級卒業候事」です。権八は、入学した年の12月に「当月試験格別宜敷相齊神妙之事」として「少賞品」を進呈されています。1年間で小学校卒業の学力有りと評価された権八の神童ぶりをうかがうことができます。

明治維新後も江戸時代の名主は残りますが、１８７３（明治6）年～１８７８（明治11）年の短い期間、神奈川県（当時の五日市は神奈川県所属）は大区

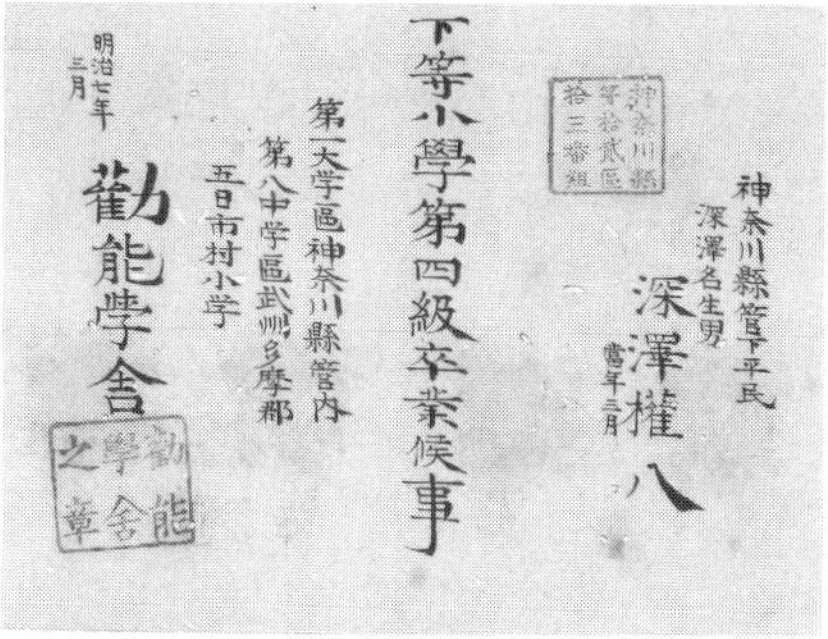

深澤権八の卒業証書②（小学第四級）　提供：深澤篤彦氏

小区制をしきます。五日市に戸長をおき、養沢、乙津、戸倉、小中野、五日市、小和田、留原、高尾、館谷、入野、深沢の11ケ村に名主を廃して村用掛《そんようがかり》（現在の村長）をおきました。深澤家の当主だった名生《なおまる》は、15歳の長男・権八に深沢村の村用掛をさせています。その後の深澤家文書には村用掛としての権八の名が出てきます。

漢詩の素養大きい権八

深澤家の長男・権八は、膨大な漢詩を残しています。勧能学校に入学する以前、漢学塾に通っていたことが、深澤家の北西隣の志村家（屋号荷附け場）の古老が、権八を漢学塾に送迎したという話を郷土史家・石井道郎氏に残しています。

深澤家に残されていた権八と漢詩仲間32名の句の総数は１５００首あります。その半数の７８８首が権八（武陽）で、次いで深澤家の隣の真光院の禅僧中島元徴（淡海）の３０３首です。以下永沼織之丞（柏同・勧能学校校長）内山安兵衛（五楓）、土屋常七（雪峰・五日市の※自由党員）、土屋勘兵衛、吉野泰三、利光鶴松、千葉卓三郎

※自由党員　1880（明治13）年に、板垣退助らが結成した日本最初の近代政党・自由党に入党した党員のこと。1884（明治17）年に解党。

らの漢詩が残されています（『五日市町史』780頁）。

権八は「自由楼主人　五日市学芸講談会幹事」という民権思想の持ち主でもあります。同時に自宅を「天則堂」と称し、その主人を名乗る詩人です。当時の五日市における自由民権運動が文化運動とも重なっていたことがわかります

千葉卓三郎と深澤家との接点

千葉卓三郎が五日市に最初に来たのはいつごろだったのでしょうか。

卓三郎死去後、その遺言にそって卓三郎の親戚である仙台の広田隆友に深澤名生・権八親子などが出した書簡があります。日付は明治16（1883）年12月9日です。その書簡に「千葉氏ノ弊地ニ在リ勧能学校ニ勤務スルヤ已ニ八、九年ニ及ヒ」とあります（深澤家文書）。

このことから、卓三郎は明治8、9年頃から五日市に来ていたと推定されます。たぶん非正規の教員として勧能学校に出入りしていたと考えられます。

学制発布と士族教員

明治政府は、1872（明治5）年8月3日に「学制発布」をします。「かならず邑に不学の戸なく、家に不学の人がないことを期す」とされ、「教育の御一新」といわれ

ました。

五日市村も1873（明治6）年に小学校をつくります。あきる野市立五日市小学校の前身です。正式名称は「武州五日市小学・勧能学舎」です。

この勧能学舎の初代校長は、旧仙台藩士で戊辰戦争のとき仙台藩の農兵隊長をした永沼織之丞でした。

五日市周辺で教師をしていた卓三郎を、同じ仙台藩出身の永沼織之丞が五日市に呼びました。五日市にきた卓三郎の下宿先は、勤務先の勧能学校まで徒歩数分の五日市三十二番地の鎌田屋です。鎌田屋は奈良橋村（現東大和市）の鎌田家（二男が鎌田喜十郎・後述）の分家で、五日市に移住して機屋をしていました。

勧能学校　提供：あきる野市教育委員会

当時の勧能学校

卓三郎が教師として勧能学校に勤務していたのは、1880（明治13）年4月から翌年1881年の6月ごろまでで、一時、五日市を去ります。卓三郎は永沼織之丞が勧能学校を去ると二代目校長として勧能学校に戻ります。

しかし、結核が進行し1882（明治15）年に入ると草津温泉への転地療養などで長期の休暇を余儀なくされます。卓三郎のあとに臨時教員として入ってきたのが利光鶴松です。利光鶴松は「手記」を残しています。当時の勧能学校について次のように述べています。

「勧農（ママ）学校ハ公立小学ナレドモ実際ハ　全国浪人引受所　ト云フノ形ニテ　町村ノ公費ヲ以テ多クノ浪人ヲ養ヒ　県ノ学務課ヨリ差向ケタル正当ノ教員ハ　片端ヨリイジメテ追イ出シ　県ニ於テモ止ムヲ得ズ放任セルヨリ　勧農学校ハ全ク浪人壮士ノ巣窟トナレリ　余ラ教員ノ月給ハ　教員ノ取ルニアラズ　有志ノ寄付金ト合セテ一団トシ　是レヲ以テ雲集シ来レル　浪人壮士ノ接待費ニ充ツルナリ而シテ教員モ亦其浪人壮士ト　一切ノ生活ヲ共同ニスルナリ」（「利光鶴松翁手記」107頁）。

こうした状況の学校に対し当時の明治政府は、山野熊太、窪田久米などの教師を学校の授業中に捕縛し、軍法会議や裁判所に送っています。

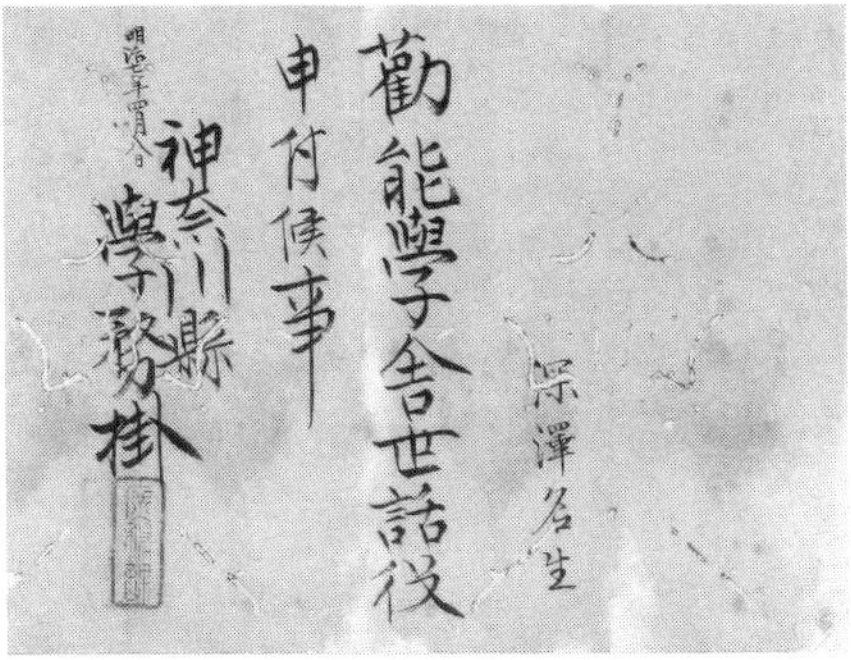

深澤名生勧能学校世話役　提供：深澤篤彦氏

深澤権八の学問の師千葉卓三郎

1874（明治7）年4月8日付けで神奈川県学務掛より（当時の五日市は神奈川県所属）深澤名生《なおまる》に「勧能学舎世話役」の任命書が出ています。さらに1883（明治16）年8月4日付けの勧能学校学務委員から校長・千葉卓三郎宛の書簡があります。

そこに学務委員・深澤名生の名があります。深澤名生は勧能学舎の世話役から勧能学校の学務委員として深く関わっていました。こうして千葉卓三郎と深澤家親子との交流がはじまります。深澤家の長男・権八は、卓三郎を学問の師として尊敬、深い学問の師弟の絆を作り上げていきます。

深澤家の蔵書

「深澤家文書」とは

1968（昭和43）年の深澤家土蔵調査で発見された文書と図書は約1万点です。このうちの虫損や風化で利用が困難なものを除き3200点が「目録化」されています（1973〈昭和48〉年3月・東京経済大学図書館）。さらに1978（昭和53）年に100点が「目録化」され追加されています。以上の目録化された文書は、2005年の「あきる野市政10周年」に、所有者の深澤篤彦氏（権八の曾孫）からあきる野市に寄託され、東京経済大学から、あきる野市中央図書館に移管されました。

その後、深澤一彦氏夫人の登美子氏から約１００点の文書が「深澤登美子家文書」としてあきる野市に寄託されています。以上の約３４００点の資料を「深澤家文書」といいます。

あきる野市中央図書館は、これらの資料をデジタルアーカイブ化して、逐次公開してきました。「深澤家文書」はまず「文書」と「図書」に二分別されています。「文書」は、21に分類され、72項目に小分類されて、その数２０２９件です。「図書」は、12に分類され、44項目に小分類されて、その数５８０件です。合計２６０９件です（２０１５年２月時点・著者調査）。

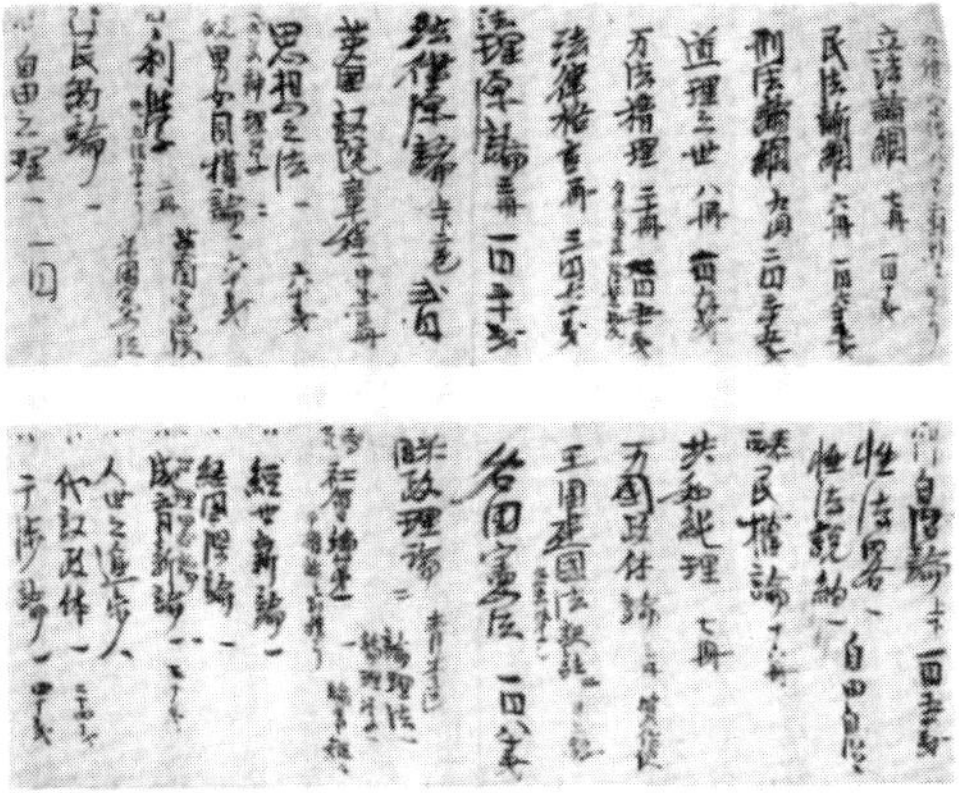

深澤家蔵書目録　提供：あきる野市教育委員会

この「深澤家文書」の「図書」は、年代の記録があるものを調べると、１８７４（明治７）～１８８５（明治18）の10年間ほどに出版された書籍が大部分です。ちなみに「政治」に関する図書は48冊、「法律」に関する図書は、憲法、行政法、民法、商法、刑法、訴訟法など53冊、

「経済」に関する図書10冊などです。

書籍の購入が、五日市憲法草案の起草までの3年間に集中していることは、卓三郎や権八が、諸外国の憲法をはじめとする文献を購入し心血を注いで学習していたことがわかります。中でも、「フランス国法学大博士ボアソナード氏」の文献が多く利用されています。いくつか紹介します。

「性理略論」（香港）、「社會平権論」（中国）、「立法論綱」（ベンサム）、「法律格言」（プーヴィエール）、「法律原論」（テリー）、「仏国憲法講義」（アルベールベイネー）、「民法論綱」（ベンサム）、「英國議院典礼」（イギリス）、「佛國刑法講義」（ボアソナード）、「経済学講義」（ボアソナード）などです。

これらの書物の購入の記録が千葉卓三郎の書籍目録というメモに残されています。たとえば「立法論綱」七冊一円十銭、各国憲法一円八十銭などです。当時、月給が十円ほどの卓三郎個人では、とても買うことが出来ない額の書籍です。卓三郎や権八の要求で、深澤家や五日市学芸講談会が購入したものです。こうした書籍で卓三郎や権八、五日市学芸講談会のメンバーは学習を重ねました。

千葉卓三郎の自由民権運動家との広い交流

千葉卓三郎や深澤権八の書簡をみると彼らが多くの自由民権運動家との幅広い交

流をしていたことがわかります。エピソードを一つ紹介します。

1882（明治15）年4月6日、自由党総裁の※板垣退助は、岐阜県・中教院で行われた演説会（懇親会）に参加します。その会場を出て宿舎に向かおうとしたところで刺客に襲われ、胸や手などを負傷します。

この事件で負傷した板垣退助に千葉卓三郎は、見舞金一円を贈るとともに、その「添書」で「刺客ノ難ニ罹リ、以テ熱血ヲ我東洋ノ地ニ灌《そそ》キシハ、実ニ閣下ヲ以テ嚆矢《こうし》ト為ス」と書いています（深澤家文書）。これに対し、自由党本部からの「受取書」とともに、※後藤象二郎の礼状が千葉卓三郎宛てに送られてきています（1882〈明治15年〉5月10日付「千葉家文書」）。

卓三郎はなぜ五日市を離れたのか

憲法草案を起草すると卓三郎はそれを持って五日市を離れています。1881（明治14）年5月、7月の卓三郎の権八宛ての書簡は、「ならはし村より」、「奈良橋千葉卓三郎」などとあります。

9月の権八への手紙では、村山狭山村円乗院で自由親睦会を開くので参加してほしいと述べています。またこの時期、中島信行や星亭らに自分の憲法草案を見せ評価されています。卓三郎は自分の生き方を、憲法を作り立憲体制の日本をつくる仕事に賭

※板垣退助　土佐藩士、幕末、武力討幕論で動く。戊辰戦争では、東山道先鋒総督府参謀として甲州勝沼で新撰組を撃破。東北に転進してから、三春藩を無血開城させ、二本松藩、会津藩、仙台藩などの攻略に参戦。1869（明治2）年、明治政府参与となる。1873（明治6）征韓論に敗れ、西郷隆盛らと下野、高知に立志社を設立。1884（明治14）年自由党を結成、総裁。

けようとしたのではなかったのか。ただ、彼の身体は、当時不治の病の結核にどんどんむしばまれてゆきます。

結核の進行と鎌田家

1882（明治15）年に入ると卓三郎の肺結核は進行し、療養を始めています。卓三郎は、以前、奈良橋村（現東大和市）の鎌田家の二男・喜十郎の家庭教師をしていました。

鎌田家は※藍玉《あいだま》で財をなした豪農です（当時の当主は鎌田喜三郎）。喜十郎は家庭教師だった卓三郎に私淑します。この喜十郎も1889（明治22）年3月22日、若くして結核で死亡（卓三郎からの感染か）するのですが、自分の墓に千葉先生の名を刻んでくれと遺言しています。

奈良橋に雲性寺があり、この寺の墓地に鎌田家の墓があります。豪農らしい約2メートルもある巨石の墓石の側面に喜十郎の戒名（修岳院仁智明達居士）があり、その肩に「千葉先生仙臺の人」と刻んであります。卓三郎の病状が悪化すると本郷龍岡

鎌田家墓地　東大和市

※後藤象二郎　土佐藩士。大政奉還を主張。藩主・山内容堂とともに大政奉還建白書を提出。明治政府では、参与、参議、工部大輔などの要職に就くが、征韓論に敗れ下野。板垣退助が結成した自由党では副党首格で参加。のち政府への協力に転じる。

※藍玉《あいだま》　藍の葉をきざんで発酵させたものを乾かし固めた染料。

町の医院で治療、その後入院を余儀なくされました。

卓三郎と権八の深い友情

千葉卓三郎と深澤権八の深い友情は、二人の間でとりかわされた書簡でよくわかります。卓三郎が死去する直前の書簡から一部を紹介します。

1883（明治16）年9月21日付の卓三郎から権八に宛てた手紙があります。そこには闘病中の卓三郎に「世話の老婆をつけてくれた事へのお礼」が述べられています。さらに、経済的に困窮し、残りの衣類や書籍を売り払っても足りない状況が切々と述べられ、「御憫察之上」として借金の申し入れをしています。

同じ年の10月7日の深澤名生・権八宛の手紙には、お金の都合をつけてくれたことへのお礼が述べられています。そこには、「感涙連々トシテ止マズ」、「此ノ御恩生キテ報スル能ワズンバ、死シテ地下ノ後ニ拝謝セン、唯々涙感（ママ）シテ止マザルノミ」とその心情が述べられて

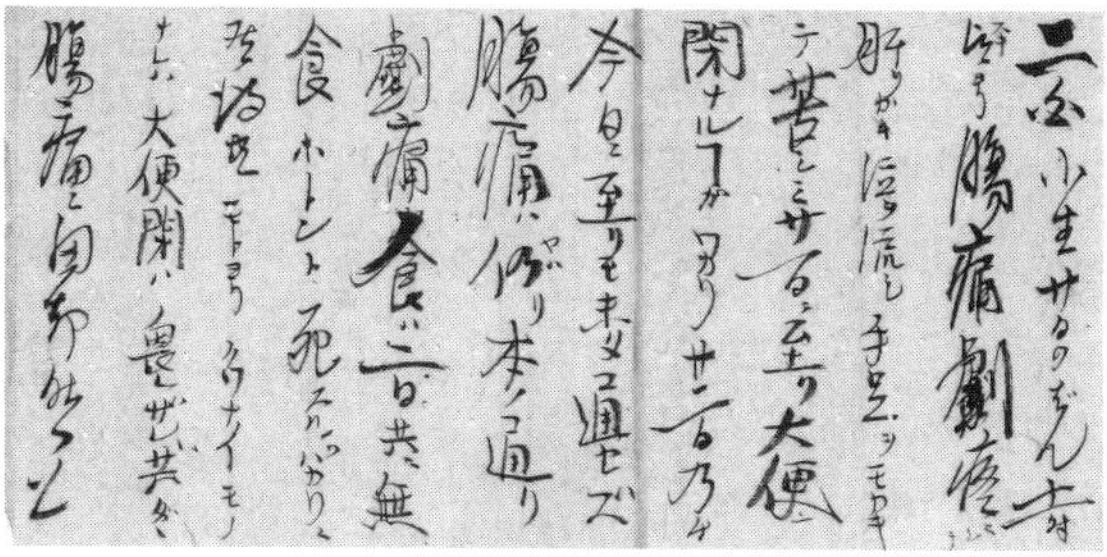

卓三郎から権八への手紙　提供：深澤篤彦氏

います。卓三郎は自分の死期が近いことをこの手紙で示しています。10月22日の権八への手紙では、「腸痛劇疼ニシテ、肝ヲカキ泣(涙)ヲ流シ手足をモカキテ苦シミ」と激痛・苦痛の様子を記しています。

憲法起草後の卓三郎の心境

卓三郎は「漢詩」を残しています。「三多摩自由民権資料集」に卓三郎の八つの詩が記されています(「三多摩自由民権資料集」255頁)。

客中書感

関山風雪紅河雨
客路十年事尚違
半世空過旅窓夢
杜鵑頻勧不如帰

「関山」は、ふるさとの四境をめぐる山のことです。「風雪」は厳しい苦難のことで、「紅河」は、17歳で出陣した白河戦争(戊辰の役)での激戦でみた血のことを思い浮かべているのでしょう。それから遍歴を重ねてもう十年にもなるが、自分の思いは満たされない。半生は空しく過ぎてしまい、それは旅窓で見る夢のようだ。ほととぎす（杜鵑）はしきりに帰ることを勧めるが、自分に帰るべき故郷があるだろうか。

　卓三郎が憲法草案を起草したのち、肺結核が進行し入院まで余儀なくされるような時期での心境でしょう。この詩が書かれてから130年余が過ぎていますが、今でも初夏の夕闇が深まると深沢に続く山々でほととぎす（杜鵑）が鳴いています。

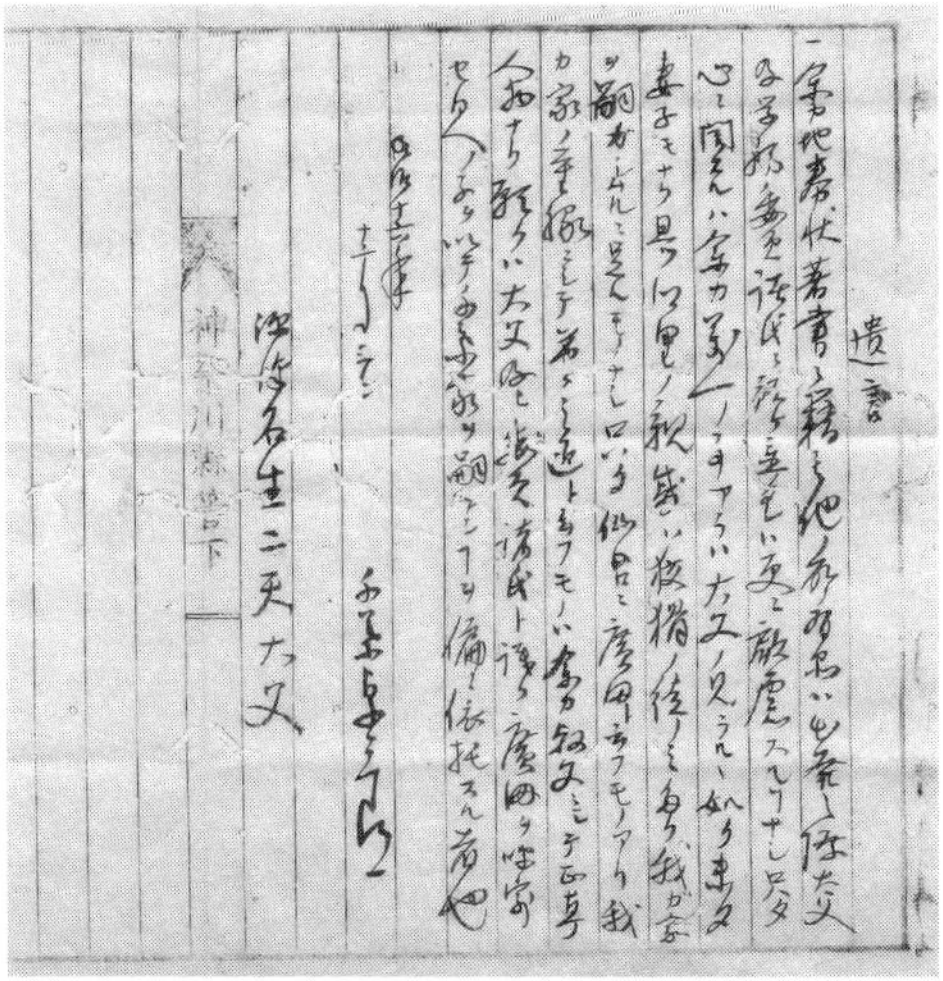

千葉卓三郎遺言書　提供：深澤篤彦氏

深澤名生宛の卓三郎遺言

　死去の9日前の11月3日に、深澤名生宛に遺言を残しています。卓三郎の遺言は次のとおりです。

　　遺言

一余カ地券状、著書、書籍、其他ノ所持品ハ、出発之際大父及学務委員諸氏ニ預ケ置タレハ、更ニ顧慮スルコトナシ、只タ心ニ関スルハ、余カ万一ノ事アラハ、大父ノ見ラル、如ク未タ妻子モナク、且ツ郷里ノ親戚ハ狡猾ノ徒ノミ多ク、我ガ家ヲ嗣ガシムルニ足ルモノナシ、只タ仙台ニ広田ト云フモノアリ、我ガ家ノ重縁ニシテ、英之進ト云フモノハ余カ叔父ニシテ正直ノ人物ナリ、願クハ大父及ヒ委員諸氏ト謀リ広田ヲ呼寄セ、同人ノ子ヲ以テ千葉家ヲ嗣カンコトヲ偏ニ衣托スル者也

明治十六年十一月三日　　千葉卓三郎

深澤名生二天大父

権八が口述筆記した遺言

この遺言の筆跡は、卓三郎自身ではなく権八のものです。事情は次のようなことです。

卓三郎が長期の病気治療で、お金に窮して深澤家に借金の申し出をしています。当時権八も重病にかかっていましたが、病気が平癒したのち、父名生とともにお金を持参して卓三郎を見舞っています。この時、遺言がありました。

ところが卓三郎は「此時氏ハ已ニ文章ヲ起草スルハ勿論、筆ヲ把ルコトハ頗ル難渋ノ体故、愚父傍ニアリ小生筆記致シ氏ニ一閲セシメタルモノ也」（深澤権八から広田隆友への書簡『三多摩自由民権史料集』299頁）。

卓三郎は、このとき筆を取ることもできないほど衰弱していて深澤親子の前で自分

の考えを権八に筆記してもらい、本人も確認をした遺言です。

31年の生涯

この遺言を残した9日後の1883(明治16)年11月12日、卓三郎は、「五日市憲法草案」を起草して2年余というあまりにも短い人生を31歳の若さで閉じてしまいました。

死去した卓三郎は、上野・谷中、天王寺のキリスト教共同墓地に埋葬されます。墓石は高さ二尺二寸、厚さ七寸、横幅八寸です。昭和10年代に谷中墓地が、鶯谷駅の拡張工事のため削りとられることになり、卓三郎は仙台市北山の資福寺の千葉家の墓所に隣接して改葬されます。

卓三郎は今、この資福寺に眠っています。戒名は「霜照院観月宗音居士」です。

五日市憲法草案は同志たちの手で卓三郎の遺品とともに一度は郷里宮城県白幡村(旧志波姫町・現栗原市)に送られました。後日、権八らの要望で深澤家に送り返されています。それは、1884(明治17)年6月7日付の仙台・広田久から深澤権八に宛てた葉書で証明されます。

「五日市ヨリ荷物ハ一昨日到着ス、御咄之憲法之草案取調候処、右荷物之内ニ在之候、薄葉紙三冊　□紙一冊都テ四冊ナリ」

こうして卓三郎起草の憲法草案は、五日市に送り返されました。権八の手元に置かれていたため、深澤家土蔵から五日市における貴重な財産として発見されることになりました。

千葉卓三郎が遺言状に残した意思は、深澤親子などの努力で実行されます。仙台市仙台区東七番町、広田隆友の二女・ともゑが養子として千葉家を継ぎます。千葉家の土地（財産）は、実子の卓三郎が継いでいます。それは、父・宅之丞が死の直前に、生まれてきた子が男子ならば財産を相続させることを遺言していたからです。

卓三郎が相続した千葉家の財産は、田七反六畝二十六歩、畑三反八畝十三歩、宅地四反六畝六歩、合計で一町六反一畝十五歩です。以後、卓三郎の遺産を相続した千葉家は存続し神戸に居を移していました。

卓三郎の孫にあたる神戸市在住の千葉敏雄氏と権八の孫の深澤一彦氏が、自由民権100年を記念した集会で会われて、千葉敏雄氏は深澤一彦氏に「卓三郎が大変お世話になりました」と挨拶されたとのことです。

卓三郎死去を心から悼んだ権八

千葉卓三郎は、深沢権八にとって大切な師であるとともに同志でした。権八は、卓三郎の死を心から悼んで詩を残しています。権八が22歳のときでした。

悼千葉卓三郎

懐君意気巻風涛　郷友会中尤俊豪
雄弁人推米辺理　卓論自許仏蘆騒
一編曽草済時表　百戦長留報国刀
悼哉英魂呼不起　香烟空鎖白揚皐

いたむ千葉卓三郎

懐えば君の意気は風涛を巻き　郷友の会中もっとも俊豪《しゅんごう》
雄弁は人推す米のヘンリー　卓論自ら許す仏のルッソー
一編曽《かつ》て草す済時の表　百戦長く留まる報国の刀
悼哉《しょうさい》英魂呼べど起たず　香烟空しく鎖す白揚の皐《こう》
（『民主憲法の父千葉卓三郎』29頁）

君の意気は、風や大波を巻き起こすようにすばらしいものであった。五日市の仲間の中でもっとも俊敏で、豪毅であった。

千葉卓三郎墓地

君の雄弁ぶりは、アメリカの独立運動の闘士・パトリック・ヘンリーのようであり、すぐれた論説は自ら自負していたようにフランスのルッソーである。かつて一編の憲法草案を起草したが、それは百戦にも留まれる国に報える刀のようなものだ。ところが悲しいかな、君の英魂は呼んでも起きてはくれない。線香の煙がむなしく白い墓標を包んでいるのみだ。

卓三郎の死を心から悼んだ深澤権八の思いが胸にせまります。この五日市憲法草案が起草されて134年が経過した今、その人権思想が現憲法に生きています。日本を戦争ができる国にするには戦前のように自由や人権が規制されます。

4　卓三郎亡きあとの深澤権八

自由党への入党

五日市学芸講談会が、関東の立志社ともいわれた嚶鳴社を名乗って結成されたことは、先に述べました。嚶鳴社は、自由党創立の時期までは立志社とともに自由党創設準備を進めています。ところが、1881年10月の自由党結党の段階で、板垣退助と袂を分かち翌82年3月には、明治14年の政変で政府から追放された※大隈重信率いる立憲改進党に参加してゆきます。

こうした状況下で五日市は、嚶鳴社とは距離を置くようになり、急速に自由党に接近してゆきます。1882（明治15）年8月15日、深澤権八は、内山安兵衛（末太郎）、馬場勘左衛門、千葉吾一（宮城県人・勧能学校）、佐藤新平、土屋常七、佐藤蔵之助、田島新太郎、大上田彦左衛門という五日市学芸講談会のメンバーとともに自由党に入党します。伊奈の大福清兵衛もこれに続いています（卓三郎は病気療養中）。

「協立衛生義会」など

自由民権運動に対する弾圧が激しくなると五日市においても公然たる活動（政談演説会など）が困難になります。かつて五日市学芸講談会も学習結社と銘うちながら、憲法につながる討論題目で論議をしていました。

権八は政治運動が困難になると、地域の民権家、宗教家らとともに「憲天教会」を結成し（1885年3月）活動を継続します。また「協立衛生義会」を西多摩の民権家を糾合し設立しています。権八は、五日市の名門・内山安兵衛を会頭に押し立て、町長（馬場勘左衛門）や医師（蒿地堯平）とともに幹事をつとめています。

当時は、コレラ、チフス、赤痢、天然痘などの伝染性の病気が多発していました。保健と予防衛生などの自主組織ですが、こうした運動と合わせて啓蒙活動や実質的

※大隈重信　佐賀藩士。明治政府では、大蔵卿、外務大臣、農商務大臣、総理大臣（第8、第17代）、内務大臣、貴族院議員など歴任。早稲田大学創設者・初代総長

な政談演説などを行いました。

このことについて、「利光鶴松翁手記」には次のように記されています。

「深澤権八氏ハ　内山安兵衛　伊藤友道氏ト謀リ　憲天教会ヲ創立シテ仏教演説ヲナシ　或ハ医士ト共ニ衛生演説ヲナシ　或ハ教育家ト共ニ学術演説ヲナセリ　而シテ其名ハ仏教演説　衛生演説　学術演説ト称スレドモ　其実ハ之ニ名ヲ借リテ警察ノ目ヲ遁レ政談演説ヲナシタルナリ」と。

国会開設期限短縮建白書

自由民権運動が憲法制定要求に大きく盛り上がった1881（明治14）年10月、薩長藩閥政府は、その専制的な体制を確立することをめざし、参議大隈重信一派を政府から追放することなど、いわゆる「明治十四年の政変」を断行します。一方で※天皇詔勅をもって、10年後の1890（明治23）年に憲法を制定することを約束します。しかし自由民権運動に対する弾圧は激しさを増すばかりです。

こうした下で、深澤権八（深沢村）を筆頭に五日市町、戸倉村、瀬戸岡村、引田村、南小曽木村、青梅町の西多摩地域を網羅した10名が連署・捺印した「国会開設期限短縮建白書」を天皇に提出しています。起草者は吉野泰造で、提出は1885（明治18）年1月ごろと推定されます。

※天皇詔勅　詔勅とは、天皇が意思を表示する文書

天皇の詔勅には一切の批判や要求は許されませんでした。場合によれば「不敬罪」でさらなる弾圧も考えられた時代です。ですから、期限を早くして国会を開設してほしいという要求（建白書）は全国的には数が多くありません。にもかかわらず、五日市などがなぜ「建白書」提出に動いたのか。それは、自らが憲法草案を起草した五日市の人々が、明治政府の憲法制定の動きに疑義を感じ、また焦燥感にかられたからではなかったのでしょうか。

5 その後の深澤家

長男・権八の死去

深澤権八は、父・名生や祖父・茂平（左衛門）が筏の総元締の高尾家（あきる野市高尾）から嫁を迎えているのに対して、伊奈村の名主家であった大福家（清兵衛照徳）の娘（ダイ）を嫁に迎えています。大福家の長男も世襲名の清兵衛で、権八とともに五日市学芸講談会の幹事を務めています。権八の妻・ダイ

深澤権八墓地

の兄にあたります。

権八は１８９０（明治23）年12月24日、胃潰瘍で29歳の若さで死去してしまいます。２人の娘がいました。長女はまだ3歳2カ月のおさな子（長女・ヱイ、二女シツ）でした。夫を亡くした権八の妻と父の名生は、権八の財産を将来権八の娘に相続させるための手続きをしています。

長男を亡くした父名生の悲しみがいかばかりであったかは想像にかたくありません。深澤家当主として長男の墓を建てました。その墓標は、家紋の下に「権八深澤氏墓」です。これも見学者から、「どうして苗字と名前が逆で、しかも氏がついてるのでしょうか」という質問がされます。それには次のようなことが考えられます。

千葉卓三郎は、「フランス国法学大博士ボアソナード」にちなんで自らを「ジャパネス国法学大博士タクロン・チーバー氏」と諧謔的に自称していたことはすでにふれました。

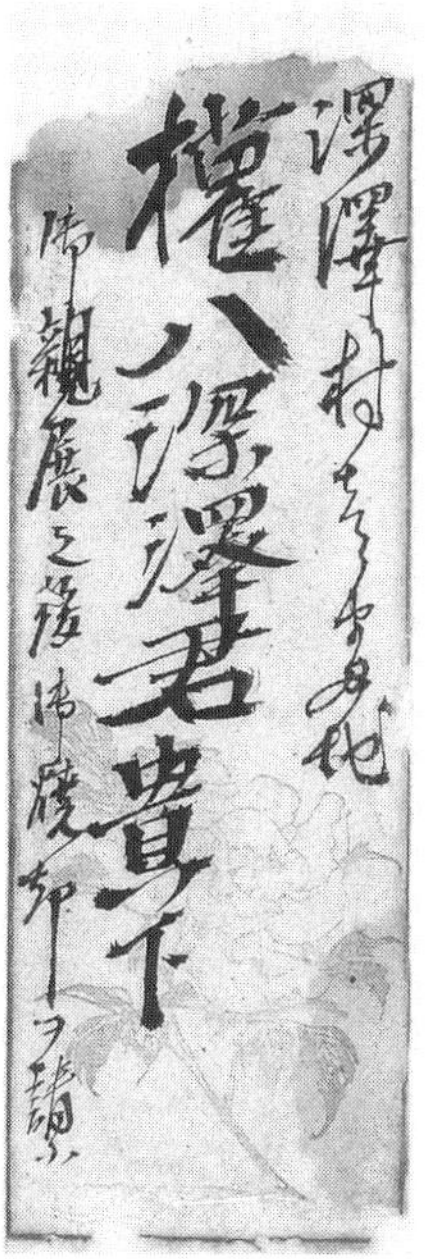

卓三郎から権八への手紙封書（明治14年6月7日）　提供：深澤篤彦氏

深澤権八に宛てた千葉卓三郎の手紙があります。この手紙は１８８１（明治14）年6月7日付で宛名が「権八深澤君貴下」となっています。また、「御親展の後御焼却を請う」とあります。長男権八が師として尊敬した千葉卓三郎の「権八深澤君」を西洋文明にも明るかった名生が長男の墓碑に入れたとみるのが自然だと思います。「氏」はやはり卓三郎の「タクロン・チーバー氏」にならったのでしょう。

「読後焼却」と書かれていたこの手紙は、焼却されず、深澤家の蔵に残されていました。その中身が気になるところですが、自分が五日市を去った後、五日市学芸講談会がサロン化してしまわないよう個人名（教師の同僚・千葉吾一）をあげて深澤権八や土屋勘兵衛に注意を呼び掛けているため、世に残ることを案じたからでしょう。

父・名生の死

ところが深澤名生も1892（明治25）年8月21日に長男権八の後を追うように世を去ります（53歳）。深澤家はこうして当主を失い、女性だけが残されました。この深澤家を援助したのは、名生と木材の取引や筏の同じ元締めとして親交があった星竹の黒山儀三郎でした。

権八の妻（ダイ）の実家、伊奈の名主家の大福清兵衛も深澤家を援助します。深澤家は妹（ダイ）の嫁ぎ先であり、権八とは五日市学芸講談会でともに幹事をしていました。権八の長女・ヱイが成長した後、大福清兵衛の長男・誠一が深澤家に婿に入り深澤家を継がせました。誠一、ヱイの長男が深澤家土蔵の調査に立ち会った一彦（権八の孫）です。

深澤家の母屋が小金井市の某会社に売却され、同市内思耕園に寮として移築された直後に撮られた写真（深澤家屋敷跡に掲示）は昭和十四年五月です。深澤家跡地には土蔵だけが残りました。

卓三郎起草の憲法草案は87年間蔵に眠る

千葉卓三郎が心血を注いで起草した憲法草案は、こうした深澤家の事情や明治政府の自由民権運動への厳しい弾圧政策ともあいまって、87年間、深澤家土蔵に保管されたまま長い眠りを余儀なくされました。

6 その後の自由民権運動

その後の、自由民権運動に対する明治政府の弾圧ははげしいものでした。「新聞紙条例」、「集会条例」などで言論も運動も弾圧・規制された自由民権運動は、やがて過激な運動へと走ることを余儀なくされます。そして1882（明治15）年、福島事件が起こります。

西南戦争で西郷隆盛を倒した大久保利通は明治政府の頂点にたっていました。大久保は、東北の自由民権運動撲滅のため、同じ薩摩藩出身の三島通庸を東北に派遣し山形県令にします。その後、三島通庸は福島県令となります。

三島は「不肖三島が県令である限り、自由党と火付け盗賊は管内に一人もおかぬ」と豪語し、自由民権運動の弾圧を進めます。これに対し自由党が優勢の福島県会（議長・河野広中）は会津三方道路の予算などすべてを否決して抵抗します。これを政府が弾圧したのが福島事件です。自由党員や農民約2千名が逮捕され、12月には福島県会議長の河野広中も逮捕されます。

この年、新潟県高田地方で政府高官暗殺の陰謀があったとして自由党員が弾圧された高田事件が起きます。翌1883（明治16）年、政府高官の襲撃を計画したとして自由党員が弾圧された群馬事件が起こります。1884年、名古屋の帝国陸軍鎮台を占拠しようという飯田事件が起こります。これと関連し名古屋事件が起こります。福島県令・三島通庸は栃木県令も兼ねることになりました。1884（明治17）年、三島通庸らの暗殺をくわだて福島と栃木、茨城の自由党員が決起したのが加波山事件です。

加波山事件と五日市

加波山事件は、その檄文で「政府を置くの趣旨は。人民天賦の自由と幸福とを扞護するにあり。決して苛法を設け逆圧を施こすべきものにあらざるなり」、「革命の軍を茨城県真壁郡加波山上に挙げ。以て自由の公敵たる専制政府を転覆し。而して完全なる自由立憲政体を造出せんと欲す」と述べています。

この檄文には16名が名を連ねています。福島県が11名、茨城県が3名、栃木県と愛知県が各1名です。圧倒的に福島県が多いのは県令・三島通庸や政府の弾圧による福島事件によって福島県自由党員の多くが宮城集治監に収監され壊滅的な打撃を受けていたことによります。

この加波山事件は数日のうちに鎮圧されてしまうのですが、多摩の民権家は大きな衝撃を受けるとともに深い同情を示しました。石坂昌孝（町田の民権家で長女が北村透谷の妻・美那）や林副重（八王子広徳館長）らは、加波山挙兵で多摩に逃れてきた保田駒吉（茨城県）を同志とともに匿い、深夜甲州に脱出させています。加波山挙兵に遅れて参加できなかった窪田久米は、五日市の内山安兵衛宅に潜入、勧能学校に匿われています。

大阪事件と五日市

1885年11月には、大阪事件が起こります。自由党左派の領袖・大井憲太郎、景山栄子らが、明治政府の弾圧で運動が閉塞したため、朝鮮にわたり改革派の独立党を支援し立憲体制を築き、海外進出で国威を高揚し国内改革も図ろうとした事件です。

この大阪事件は全国を巻き込みましたが、五日市勧能学校もこれに巻き込まれていきます。勧能学校教員の利光鶴松に大阪事件に参加するよう説得がされています。

「窪田久米、加藤宗七、長坂善作氏等ヨリ　大井憲太郎氏ノ朝鮮征伐ニ参加ヲ強ヒラレテ之ヲ拒絶シタルノ一件ナリ　一夜以上三氏ハ　五日市町ノ開光院ト云ウ寺ノ屋後ノ裏山ニ　余ヲ誘ヒ出シ秘密ノ誓約ヲナサシメテ　朝鮮征伐ニ加盟ヲ求メタリ　余ハ是レヨリ相当ノ学問ヲ修メテ　然ル後国家ニ尽スの方針ナリト　之ヲ拒ミタルニ　秘密ノ漏洩ヲ防グ為メ　君ノ一命ヲ貰フ　等ト　余ヲ強迫シタレドモ　余ハ堅ク之ヲ拒ミタルモ　結局双方秘密ヲ守ルコトヲ堅ク申合セ　其儘学校ニ引上ゲタリ」（「利光鶴松翁手記」１０９頁）。

勧能学校の教師は、これにとどまらず大阪事件の資金調達に参加を求められ、教員の窪田久米が参加することになります。

「窪田久米君ガ強盗ニ赴キタルハ　此事件ノ資金ヲ調達センガ為ナリ」

窪田久米は、学校が終わった夕方、高座郡座間役場に税金が集まるとして※強盗に出かけることになります。このとき利光鶴松は、五日市の南方の今熊山を越え「山入

※強盗　窪田久米らが強盗に入ったのが高座郡座間役場というのは利光鶴松の記憶違いのようで、大阪事件公判廷での証言と判決趣意書によれば、愛甲郡上荻野村の岸十郎平方の方が正当のようです。

村」という約束の場所まで窪田久米を送ってゆきます。「強盗ニ赴ク人モ学校ノ教員ニシテ　強盗ヲ見送ル者モ亦学校ノ教員ナリ　随分面白キ時勢モアリタルモノナリ」（「利光鶴松翁手記」111頁）。

7 困民党の運動に

1884（明治17）年になると「※困民党」の運動が広がります。西南戦争後の「松方デフレ政策」のもとで、生糸や米の価格が暴落します。世界恐慌が追い打ちをかけます。横浜の生糸の相場は、1880（明治13）年に1円だったのが1884（明治17）年には半分以下の40銭に下落します。生糸や米を売ってお金で税金（地租）を納めなければならない農民は、銀行類似会社や高利貸からの借金を余儀なくされます。自由民権運動にかかわった富農の中から農民の連帯保証人となって自らの財産を失いながら、負債農民とともにたたかう人たちがいました。

川口困民党事件

1884（明治17）年の9月1日、「川口困民党」事件がおこります。油屋と呼ばれた豪農・塩野倉之助のもとに負債の返済延期や利子の減免などを債主に交渉しても

※困民党　1880年代前半、深刻な不況の折、借金の利子減免などの大衆運動を起こした農民の団体。秩父困民党、武相困民党、川口困民党などがある。

らうための代理委任状が集まっていました。そこに警察が踏み込み、委任書類、盟約書、帳簿を押収、書記役の町田克敬《かつよし》を連行・留置してしまいます。

9月5日、200余名が西中野村明神山の森（現・八王子市中野山王）に結集、善後策を協議しますが結論が出ず、塩野倉之助が単身八王子警察署に出向きます。200余名の農民もこれに続き、町田の釈放と書類の返還をもとめます。警察ともみあいとなり総員が逮捕・勾留されます。翌年2月、横浜裁判所で判決を受け、塩野倉之助は、「凶徒嘯衆ノ罪」で軽懲役六年の刑で投獄されます。

塩野倉之助屋敷跡

秩父困民党事件

1884（明治17年）「秩父困民党事件」がおこります。秩父地方は山間の地で養蚕が主な産業でした。生糸の大暴落のもと、負債の10年据え置き・40年賦、学校休校、雑収税、村費減額など要求4項目が掲げられました。

農民らは、総理に田代栄助、会計長に井上伝蔵、参謀長に菊池貫平を選出して、11月1日秩父郡下吉田村椋神社に結集し武装蜂起しました。

秩父困民党の決起

２日には秩父郡の中心大宮郷（現・秩父市）を占拠し、憲兵隊・警察隊を敗退させて東京進攻を決定します。ところが４日、東京鎮台兵も出兵し、武力による弾圧で指導部は解体をさせられます。徹底抗戦派は菊池貫平を総理に信州へ転戦しますが、９日、八ケ岳山麓東馬流の戦闘で壊滅します。

死刑10余名を含む４０００名以上が有罪となりました。

武相困民党事件

「武相困民党」は、１８８４（明治17）年11月19日に結成されます。翌１８８５（明治18）年1月14日、相模原大沼新田でのデモ開始をきっかけに、凶徒聚衆罪で幹部らが逮捕され、党の解体を余儀なくされました。

この武相困民党に須長漣造（八王子谷野町）という幹部がいました。武相困民党の指導者中、最もすぐれた人格者といわれ、困民党事件のため先祖伝来の土地、財産を失った人です。

五日市憲法草案発見者の色川大吉氏や沼兼吉氏らによって、１９６０（昭和35）

年、須長漣造の孫宅の調査がされます。この調査で、それまでは裁判所などの記録しかなかったのですが、須長漣造が秘匿していた困民党資料が発見されました。この資料を研究してまとめたものが、色川大吉氏の「困民党と自由党」という論文（『歴史学研究』２４７号）です。

自由党がかかわった政治的激化事件や困民党の運動は徹底的な弾圧がなされました。

大阪事件では多くの逮捕者を出し、これにかかわった多摩や五日市も大きな打撃を受け自由民権運動はその運動の停滞を余儀なくされます。これらの事件や運動が起こったとき千葉卓三郎は、すでにこの世を去っていました。

深沢権八は自由党員として自由民権運動に引き続き力を注ぎます。卓三郎の憲法草案は、深澤家の蔵に保管されます。

五日市憲法草案が深沢家の蔵に眠ること87年間、20世紀も半ば過ぎになって、多摩の民権運動の研究をしていた東京経済大学・色川大吉教授とそのグループの手で、深澤家の蔵を開けることを、当主・深沢一彦氏（権八の孫）の許可がでて１９６８（昭和43）年8月27日に土蔵調査がされ、千葉卓三郎起草の憲法草案が発見されることになります。発見者である色川大吉氏、新井勝紘氏、江井秀男氏らの協議で「五日市憲法草案」と命名されました。

第4章　五日市憲法草案と日本国憲法

1 五日市憲法草案の精神はどのように日本国憲法に受け継がれているのか

日本国憲法を変えようという人たちは、今の憲法はアメリカから「押し付けられた憲法」だから変えなければと宣伝します。五日市憲法草案にみられるような明治初期の私擬憲法の自由や人権の考えがどのような形で今の日本国憲法に引き継がれているかを明らかにすれば「押し付け憲法論」は崩れます。

もう一つの「押し付け憲法」ではないということは、GHQ原案がつくられた経過を、記録に残されている歴史の事実に照らして見れば明らかです。この二つの側面から「押し付け憲法」への反論ができます。

鈴木安蔵の1981年インタビュー

鈴木安蔵は自由民権百年の1981年3月18日、自宅で訪問取材を受けました。それが「『自由民権百年』第3号・1981年5月1日」に掲載されています。その中で鈴木安蔵は、憲法研究会での論議や当時の日本全国で巻き起こった新憲法制定の動きなどを話しています。

それによればアメリカは、「一国の憲法が占領軍の力によってできるということは憲

鈴木安蔵
憲法理論研究会ホームページから

法の性格上望ましくないと、また長続きするものでもない」と考え「日本政府自身に自発的に作らせるという方針をとった」「ところが幣原内閣にそういう観念がないから…帝国大学の教授連中を集めて草案を作るが、こういう連中もこんな観念がないから、ホントに民主的な憲法草案は答申しないわけですよ」「マッカーサー司令部はあきれかえったわけでしょう」

ポツダム宣言を無条件で受諾、自由な基本的人権を確立した平和的な国家を再建することを条件に降伏しているのに「依然として今までの天皇中心のなかば封建的な色彩の憲法を考えるとはなにごとか、と。ナンセンスであると」「問題にならんというので、最小限、この程度の民主的な憲法草案でなければいけないという参考案を出してきたわけでしょう」と話しています。

さらに「押し付け憲法論」に対しても「国体護持派、天皇制主義者、軍国主義者にとっては〝押し付けられた憲法〟でしょう。だが私は、押しつけられた憲法とは全然考えていない」と述べています。

明治初期の私擬憲法が生かされた

1945（昭和20）年の敗戦後は、明治初期に続く第2の「私擬憲法の時代」と言われます。多くの人々が、あたらしい日本がどうあるべきか憲法草案を作りました。

高野岩三郎らによって結成された「憲法研究会」の「憲法草案要綱」の起草者は鈴木安蔵です。この「憲法草案要綱」は、1945(昭和20)年12月26日、GHQや政府に提出され、新聞記者にも公表されます。

鈴木安蔵の毎日新聞記者への回答

鈴木安蔵は、GHQなどに自分の案を提出した3日後の1945年12月29日、毎日新聞記者の質問に答えています。

そこで鈴木安蔵は、起草の際に参考にした資料として、「植木枝盛(東洋大日本国国憲按)、立志社(日本憲法見込案)などの私擬憲法を二十余、フランス憲法(1791年)、アメリカ合衆国憲法、ソ連憲法、ワイマール憲法、プロイセン憲法である」と述べ、さらに鈴木安蔵は次のようにも述べています。

「私は自由民権を、その資料をあさっていたからね、明治13、14年頃の我々の祖父たちが苦心してつくった草案は参考にした。一番参考にしたのはフランス革命の人権宣言と1973年のジャコバン憲法。けれども、植木枝盛の草案には抵抗権の規定があるんだな、これは、非常に僕の注意をひいた。ただ、もちろんこの源流はフランスの革命憲法にあるんだけれどもね」(『自由民権百年』第3号・1981年5月1日)。

千葉卓三郎案と植木枝盛案

鈴木安蔵氏の参考文献の中に五日市憲法草案はありませんでした。なぜなら、五日市憲法草案の発見は１９６８（昭和43）年のことで、現憲法の起草当時誰も見ることがなかったからです。

それだけに、五日市憲法草案が現憲法の源流と評価するには、鈴木安蔵が参考にした植木枝盛案と千葉卓三郎案を比較検討しなければなりません。

千葉卓三郎は、「第二篇　公法第一章　国民の権利」で三六条にわたり国民の自由、権利などを規定しています（四二条〜七七条）。植木枝盛は、「第四編　日本国民及日本人民の自由権利」で三五条にわたり規定しています（四十条から七四条）。

「権利自由」について千葉卓三郎は、「日本国民ハ各自ノ権利自由ヲ達ス可シ他ヨリ妨害ス可ラス且国法之ヲ保護ス可シ」（四五条）と規定しました。植木枝盛は「日本ノ人民ハ法律ノ外ニ於テ自由権利ヲ犯サレサルベシ」です。抵抗権と革命権、女性の参政権については植木案の方が明確です。

鈴木安蔵氏が、未発見で参考にすることがなかった五日市憲法草案は植木枝盛の草案にまさる自由や人権の規定をしていました。

私擬憲法の精神は現憲法に生かされた

こうした私擬憲法の精神が、「憲法研究会」の鈴木安蔵氏の「憲法草案要綱」に書き込まれました。ＧＨＱ民生局の法規課長マイロ・Ｅ・ラウエル陸軍中佐（弁護士）は、戦後民間で起草されていた憲法草案を丁寧に収集して研究していました。その中に、憲法研究会の鈴木安蔵氏起草の「憲法草案要綱」がありました。

ＧＨＱ資料・証言

「わが国のある私的グループから出された憲法改正案がラウエル氏の大きな関心をそそり、それに同氏自らが詳細に研究を加え、これに対する若干のコメントを加えて上司に出した文書があることがわかった」（「日本国憲法制定の過程」――連合国総司令部側の記録による――「序にかえて」８頁）。

これを裏付ける証言があります。次の二つです。

ラウエル氏のことですが、「ホイットニー准将が民政局長に就任する前から法規課長として、日本の政党や民間の憲法学者と積極的に接触していた」

「彼は1月の中旬に、当時の進歩的グループの高野岩三郎、森戸辰男、鈴木安蔵らの憲法研究会の草案に好意的な説明をつけて報告している。その意味では憲法に関しては民政局の中では抜きんでていた存在だった。（ベアテ・シロタ・ゴードン著・『１９４５年のクリスマス』１９９５年）。こうした経過で、明治初期に広がった自由民権運動の中で作成された自由や人権の規定が現憲法に生きることになりました。

2 GHQが原案作成に着手した背景

ポツダム宣言を受託して敗戦国となった日本には占領軍としてアメリカが入ってきます。1945（昭和20）年10月11日、GHQ最高司令官・マッカーサーから「民主化の※五大改革指令」と「憲法改正の示唆」が日本政府（幣原喜重郎内閣）にされます。

幣原内閣は、松本烝治国務大臣（弁護士）を委員長として10月25日に「憲法問題調査委員会」を設置します。その第1回総会が27日に開催されます。この総会では「憲法改正案をただちに作成するということでなく、必要が起こったときのために、調査資料の整備をすることにある」とされ、3カ月以上たっても日本政府の憲法改正案は明らかにされませんでした。

毎日新聞のスクープ（政治部・西山柳造記者）としてGHQが松本案・「憲法改正要綱」を知るのが2月1日です。これに対してGHQは、「この改正案は、極めて保守的な性格のものであり、天皇の地位に対して実質的変更を加えてはいません。天皇は、統治権をすべて保持しているのです」と説明（1946年2月2日・最高司令官のた

※五大改革指令　①婦人の解放、②労働組合の奨励、③教育の民主化、④圧政的諸制度の撤廃、⑤経済の民主化（財閥解体など）

め の覚え書き・コートニー・ホイットニー陸軍准将・民政局長「日本国憲法制定の過程」——連合国総司令部側の記録による——41頁)。

マッカーサーノート

この「松本政府案」にたいし、マッカーサーは、日本政府に任せておいたら民主的な憲法案はできないと判断します。

そこで日本国憲法をつくる上で必要な三原則として「マッカーサー・ノート」が書かれました。三原則とは、①天皇の規定、②国権の発動たる戦争の禁止、③封建制度の廃止です。

GHQ民政局・「運営委員会」

この「マッカーサー・ノート」が書かれた日、民政局長・コートニー・ホイットニー准将は部下のチャールズ・L・ケイディス陸軍大佐を呼び指示をします。憲法案を策定せよとの指示でした。こうして民政局のもとにケイディス大佐をトップとする憲法案策定の「運営委員会」がつくられます。

1946年2月4日に行われた民政局の「会合の要録」があります。この会議で、ホイットニー准将は、「これからの1週間は、民政局は憲法制定会議の役をすることになる。マッカーサー将軍は、日本国民のために新しい憲法を起草するという、歴史的意義のある仕事を民政局に委託された」と述べています。

さらに、2月12日に「自分は日本の外務大臣その他の係官と、日本側の憲法草案についてオフ・ザ・レコードの会合をもつことになっている」「外務大臣とそのグループが、彼等の憲法案の進路を変え、リベラルな憲法を制定すべしとするわれわれの要望をみたすものにするのが、われわれのねらいである。このことがされたときには、出来上がった文書が日本側からマッカーサー将軍にその承認を求めて提出されることになる。マッカーサー将軍は、この憲法を日本人の作ったものとして認め、日本人の作ったものとして全世界に公表するであろう」と述べ、GHQの憲法案を日本政府に提示する日を述べています（「日本国憲法制定の過程」―連合国総司令部側の記録による―101～105頁）。

GHQのダグラス・マッカーサー元帥

3 GHQ原案策定を3つの側面から見ると

策定の時期

一つは、作られた時期です。現憲法は、占領軍としてのアメリカが、ポツダム宣言に沿って日本の民主化を図ろうという動きが中心の時期でした。民主化の動きは、敗戦から約9カ月ほどでした。

1945（昭和20）年中にアメリカ占領軍が行った主な改革指令は、「政治犯の即時釈放、思想警察と治安維持法などの廃止の指令」（10月4日）、「民主化の五大改革指令」（口頭で・憲法改正の示唆も・10月11日）、「財閥の財産凍結と財閥解体の指令」（11月6日）、「農地改革の指令」（12月9日）、「国家と神道の分離の指令」（12月15日）などです。翌1946（昭和21）年に入り、「軍国主義者の公職追放」（1月4日）、「極東国際軍事裁判所開廷（東京裁判）」（5月3日）と続きました。

しかしその後、アメリカ国務長官アチソンが、対日理事会で「共産主義を歓迎せず」と反共宣言（5月13日）、食料メーデーを受けて、マッカーサーが「暴民デモを許さず」と声明（5月20日） 翌1947（昭和22）年に入ると「2・1ゼネスト」の中止命令、以後、ロイヤル陸軍長官が日本を「反共の防壁」にすると演説し（1948年1月6日）、対日支配は日本を反共の砦にするために民主化に逆行する内容へと大きく変化し１９５０年の朝鮮戦争に突入、日本はアメリカの出撃基地とされました。

１９５１年にサンフランシスコ講和条約が結ばれますが日本は、「日米安保条約」「日米行政協定」によってアメリカに従属する形のまま今日を迎えています。

アメリカの対日支配の都合

二つは、アメリカの対日支配の都合です。

ＧＨＱ・総司令部のマッカサーには、本国の方針が伝えられてきます。この本国の方針は、１９４５（昭和20）年６月11日に設置された国務省、陸軍省、海軍省の三省調整委員会（略称・ＳＷＮＣＣ）の決定事項に基づきます。本国の指示をマッカーサーの個性でどのように実行するかということでしたので、マッカーサーは、「天皇の権力は剝奪する。しかし地位は残す」とはっきり決めて憲法の形をつくっていくことになります。マッカーサーは、「天皇にすべての権限があり、これが軍部と結びついたからあんなひどい軍国主義になった」と考えていました。一方でマッカーサーは、「天皇は20個師団に相当する」と考え、占領政策には、天皇が必要と考えていました。

しかし、地位だけにせよ天皇制を残すには、のりこえなければならない課題が残されていました。それは次のような事情からです。

「日本占領管理機構におけるトップ・レベルの政策決定機関は極東委員会ＦＥＣであ

るが、この機関は１９４５年12月27日の英・米・ソ三ケ国外相会議の決定に基づいて設置され、翌46年２月26日の第１回会合から活動を開始し、１９５２年４月28日のサンフランシスコ平和条約の発効をもって廃止された。」(『ＧＨＱ日本占領史・第一巻』竹前栄治・中村隆英監修４頁)。

アメリカは、形式的にせよ「天皇制」を残せば、極東委員会に参加するソ連、オーストラリアなどからクレームがつくことは必至と考えていました。そこで極東委員会が活動を始める前に、日本憲法案を作り上げてしまう必要がありました。

憲法案には、極東委員会からクレームをつけられても反論ができるよう、自由や人権、平和など世界の最高の到達点が書き込まれました。

スタッフの良識と知見

三つは、憲法案策定にかかわったスタッフの良識や知見です。

ＧＨＱ案の作成にかかわった人の自伝や関係者のインタビューがあります。憲法策定には25人のスタッフがかかわりました。運営委員会が作られますが、そのメンバーは４人です。責任者は、チャールズ・Ｌ・ケイディス陸軍大佐、それにマイロ・Ｅ・ラウエル陸軍中佐、アルフレッド・Ｒ・ハッシー海軍中佐、(３人は弁護士資格を持つ法律の専門家)にルース・エラマン(秘書兼通訳)です。

運営委員会の4人のメンバーについて紹介します。ただ略歴の紹介だけでは、その人となりがわかりません。よって、一緒に仕事をしたベアテ・シロタ・ゴードン著『1945年のクリスマス』を引用させていただきます。なおこの経歴は、民政局の内部だけで閲覧できるものを、民生局員のジャステン・ウィリアム（メリーランド大学学長補佐）が詳細に書き留めていたものをも参考にしているとのことです。以下、ベアテ・シロタ・ゴードン著『1945年のクリスマス』からです。

チャールズ・L・ケイディス

チャールズ・L・ケイディス
©朝日新聞社

「ケイディス大佐は、1933年から37年まで連邦公共事業局の副法律顧問、同じ年に陸軍中尉として軍務につき、陸軍歩兵学校と指揮・参謀学校を卒業して、陸軍省民事部に配属される。（中略）日本については全く縁がなく、突然の命令でマッカーサーより2日早い1945年の8月28日に、占領軍の先遣隊の一人として厚木入りしている。自分でも、日本のことは全く無知でと口癖のように言っていらっしゃったが、どうしてなかなか、少なくとも英語で書かれた日本の機構についての資料や法律書は、片端から目を通していた。その当時40歳、凄い秀才で、物事の把握が早く、決断も早いという、参謀型にはうってつけの人だった。その割には、いつも気軽に誰とも言葉を交わし、すごいハンサムだということもあったが私たち女性仲間にも人気があった」

マイロ・E・ラウエル

「マイロ・E・ラウエル陸軍中佐は、ケーディス大佐より2つ年上の42歳。カリフォルニアのフレズノ生まれで、地元のスタンフォード大学で学士号をとったあと、ハーバード・ロースクールに学び、さらにスタンフォードに戻って法学博士の学位を取るといった輝かしい経歴を持っている。卒業後は、1926年から軍務につく1943年まで、多くの会社の顧問弁護士を務め、政府機関の法律顧問や、ロスアンゼルスの連邦検事補などを歴任した」

「ホイットニー准将が民政局長に就任する前から法規課長として、日本の政党や民間の憲法学者と積極的に接触していた。民政局員のほとんどの人たちと同様に、彼は軍人を自分の本職と考えていなかった。フレズノに帰って弁護士をやろうというのを無理やり引き留めて憲法作成の仕事につかせたのも、ホイットニー准将だった」

マイロ・E・ラウエル
写真は『マッカーサー』日本放送出版協会（1982）より

「彼は1月の中旬に、当時の進歩的グループの高野岩

三郎、森戸辰男、鈴木安蔵らの憲法研究会の草案に好意的な説明をつけて報告している。その意味では、憲法に関しては民政局の中では抜きんでていた存在だった」

アルフレッド・R・ハッシー

「ラウエル中佐よりさらに2つ年上の44歳だったアルフレッド・R・ハッシー海軍中佐は、異色だという意味で、運営委員会を支えた人物だ。人柄はケーディス大佐と対照的でユーモアに乏しく内向的な性格で、ピューリタン的な情熱家。文学青年的雰囲気を持ち合わせ、自信過剰でというふうに書けば、大体輪郭がわかるはずだ。後に運営委員会の秘書役のエラマン女史と結婚するが、彼女が彼のどこを好きになったのか理解しにくく、私などは好きになれない性格だ」

ルース・エラマン

「エラマンさんは、私たち民政局の女性たちのお姉さん的存在で当時30歳。シンシナティ大学を卒業、シカゴ大学のマスターを取得している。シカゴ大学新聞社で広告や編集の仕事を手掛け、戦時経済委員会や在ロンドンのアメリカ大使館でも働いたという多彩な経歴の持ち主だ。とにかくメモ魔という名を献上したいほど、克明にメモをとる性癖があり、会議の時に耳をウサギのようにし、鉛筆を走らせていた」

次に、運営委員会を含めた主なメンバーについてです。マイロ・E・ラウエル陸軍中佐は法規課長で、司法権を担当しました。アルフレッド・R・ハッシー海軍中佐は憲法前文を担当しました。ルース・エラマンは運営委員会で秘書兼通訳をしました。天皇条項を担当したのが、リチャード・A・プール海軍少尉です。この方は、曾祖父が初代の函館総領事で、彼自身、横浜生まれで6歳まで横浜や神戸に住んでいました。行政権を担当したのが、サイラス・H・ピーク博士です。戦前に2年間、上智大学で法律学を教えていました。

人権を担当したのがハリー・エマスン・ワイルヅ博士です。1926年から2年間、慶応大学で経済学の講座を担当していました。同じく人権を担当したのが、ベアテ・シロタです。

理想国家の憲法めざした

運営委員会はどのような憲法原案を策定しようとしたのか。その考え方も、ベアテ・シロタ・ゴードン著『1945年のクリスマス』（1995年10月）から引用させていただきます。

「民政局には米国内では進歩的思想の持ち主といわれるニューディラーが多かった

が、憲法草案に大きな影響力を持ったのは、ワイマール憲法とソビエト連邦憲法であった」

「それぞれの人は、人権に関する理想像を持っている。私たちの仕事も、最高の理想に限りなく近づける作業だ。特に私は、日本の女性に最高の幸せを贈りたかった」

「当時の民政局員たちは、私ばかりでなくみんな理想国家を夢見ていた。戦勝国の軍人とて、家族や恋人を失った人は多かった。私もその一人だし、みんな戦争には懲りていた」

GHQは、憲法起草の考えかたを、ポツダム宣言と国連憲章においていることは当然です。しかし、日本に民主主義を樹立するだけでは不十分で、人類が達した人権や自由の理想を掲げて原案をつくることに専念していたことがわかります。

ベアテ・シロタ・ゴードン

著書から多くを引用させていただいたベアテ・シロタ・ゴードンについては少し詳しく紹介します。

ベアテ・シロタの父は、ロシア系のユダヤ人のレオ・シロタという有名なピアニストです。世界を演奏旅行しているとき作曲家の山田耕筰と知り合い、1928（昭和3）年、ちょうど戦争放棄に関する「パリ不戦条約」が締結された年、日本に演奏旅行にやってきて、そのまま10年間、東京音楽学校（現・東京芸術大学）の教授をしていました。ベアテ・シロタは、5歳から15歳まで日本で暮らしますが、アメリカの女子大学（ミルズ・カレッジ）に進学します。戦争が始まると、ロシア系ユダヤ人の両親は軽井沢に拘留されてしまいます。そこでベアテは戦後、両親に会いたい一心で日本勤務を希望、来日して民政局に入り、「人権に関する小委員会」で働きました。ベアテ・シロタは、この仕事が終わるとアメリカ・ニューヨークの両親の元に戻ります。日本で知り合いとなり文通を続けていた民政局で通訳をしていたジョセフ・ゴードンと結婚し（1948年1月15日）、ベアテ・シロタ・ゴードンとなります。

ベアテ・シロタ・ゴードン　©朝日新聞社

9条について

1958（昭和33）年12月10日、日本国憲法の改正是非論をめぐって「憲法調査会」（会長・高柳賢三）が結成されています。この調査会にたいして寄せられたマッカーサー元帥からの書簡では、「戦争放棄は幣原が発想した」とありました。

ところが、実際に憲法9条（GHQ案では8条）を書いたチャールズ・L・ケイディスは、元毎日新聞記者の大森実氏の質問に答えて、「第9条の発想者は天皇だったことになる。第9条の文言を書いたのは私だが、私は、1946年（昭和21）年1月1日の天皇の人間宣言詔書を反映させて第9条を書いたのだ」「第9条の発想者は、幣原ではない。マッカーサーでもない。天皇の人間宣言詔書が真の発想者だ」と述べています（『戦後秘史5マッカーサーの憲法』大森実著245頁）。

〈参考資料〉

天皇の「人間宣言」詔書より

「旧来ノ陋習ヲ去リ、民意ヲ暢達シ、官民挙ゲテ平和主義ニ徹シ、教養豊カニ文化ヲ築キ、以テ民生ノ向上ヲ図リ、新日本ヲ建設スベシ。」

「朕ト爾等国民トノ間ノ紐帯ハ、終始相互ノ信頼ト敬愛トニ依リテ結バレ、単ナル神話ト伝説トニ依リテ生ズルモノニ非ズ。天皇ヲ以テ現御神（アキツミカミ）トシ、且ツ日本国民ヲ以テ他ノ民族ニ優越セル民族ニシテ、延テ世界ヲ支配スベキ運命ヲ有ストノ架空ナル観念ニ基クモノニ非ズ。」

おわりに〜日本国憲法への世界の目

日本の憲法を21世紀の世界の憲法に

１９９９年5月12日から15日までオランダのハーグで第３回平和市民会議が開かれました。主催は、ＮＧＯ（非政府組織）です。世界１００カ国以上から集まった反戦・平和運動団体の人たちは1万人近くになりました。20世紀最後で最大の反戦・平和運動団体の国際的な集まりでした。このハーグ会議で、「最も戦争に苦しめられた世紀」から「戦争のない21世紀」をめざす具体的提案がされました。

「今後の活動方針」の「21世紀の平和と正義を求める基本10原則」が提案されました。そこには、「各国の議会が日本国憲法にならって、政府の戦争行為を禁じる決議を採択するようによびかけてゆく」「日本の憲法第九条を21世紀に世界の憲法にしよう。そうしないと世界の平和はありえない」とありました。

日本の憲法は今でも先進モデル

２０１２年の5月3日の憲法記念日、日本の大手メデアはこぞって今の憲法を変えろという主張や論説を掲げました。同じ日のA紙の国際版に「日本国憲法　今も最先端」、「米法学者ら１８８ケ国を分析」という記事が掲載されていました。「米国の法学者たちが世界の国々の憲法をデータ化して分析した結果」を報道したものです。

分析をした学者は、デービット・ロー教授（ワシントン大学・米ミズリー州）、ミラ・バースティーグ准教授（バージニア大学）です。データの対象は成文化された188カ国分のすべての憲法です。この分析結果についてバースティーグ准教授は、日本国憲法は、「世界で今主流になった人権の上位19目までをすべて満たしている先進ぶり」「人気項目を羅列的に備えた標準モデルとしてはカナダさえも上回る」「65年も前に画期的な人権の先取りをした、とてもユニークな憲法」とコメントしています。

さらに、「日本では、米国の「押し付け」憲法を捨てて、自主憲法をつくるべきだという議論もある」と述べ、それについては「奇妙なこと」というのがデービット・ロー教授です。彼は「日本の憲法が変わらずにきた最大の理由は、国民の自主的な支持が強硬だったから。経済発展と平和の維持に貢献してきた成功モデル。それをあえて変更する政争の道を選ばなかったのは、日本人の賢明さではないでしょうか」と述べています。

こうした日本の憲法を守り、生かすことが、わたしたちに課された仕事だと思います。

この本が、五日市憲法草案の見学に少しでも役にたてたら幸いです。

【史料紹介】

五日市憲法草案全文

（提供　あきる野市教育委員会）

日本帝国憲法

第一篇
国帝
第一章 帝位相続
第二章 摂政官
第三章 国帝権理

第二篇
公法
第一章 国民権理

第三篇
立法権
第一章 民撰議院
第二章 元老議院
第三章 国会権任

第四章 国会開閉

第五章 国憲改正

第四篇 行政権

第五篇 司法権

日本帝国憲法

陸陽仙台　千葉卓三郎草

第一篇 国帝

第一章 帝位相続

一　日本国ノ帝位ハ神武帝ノ正統タル今上帝ノ子裔ニ世伝ス其相続スル順序ハ左ノ条款ニ従フ

二　日本国ノ帝位ハ嫡皇子及《およぴ》其男統ニ世伝シ其男統ナキトキハ嫡衆子及其男統ニ世伝シ其男統ナキトキハ庶皇子及其男統ニ世伝ス

三　嫡皇子孫庶皇子孫及其男統ナキトキハ国帝ノ兄弟及其男統ニ世伝ス

四　国帝ノ嫡庶子孫兄弟及其男統ナキトキハ国帝ノ伯叔父（上皇ノ兄弟）及其男統ニ世伝ス

五　国帝ノ嫡庶子孫兄弟伯叔父及其男統ナキトキハ皇族中当世ノ国帝ニ最近ノ血縁アル男及其男統〔ヲ〕シテ帝位ヲ襲受セシム

六　皇族中男無キトキハ皇族中当世ノ国帝ニ最近ノ女ヲシテ帝位ヲ襲受セシム
但シ女帝ノ配偶ハ帝権ニ干与スルコトヲ得ス

七　以上承継ノ順序ハ総テ長〔ハ〕幼ニ先タチ嫡ハ庶ニ先タチ卑族ハ尊族ニ先タツ

八　特殊ノ時機ニ逢ヒ帝位相続ノ順次ヲ超ヘテ次ノ相続者ヲ定ムルコトヲ必要トスルトキハ国帝其方案ヲ国会ニ出シ議員三分二以上ノ可決アルヲ要ス

九　帝室及皇族ノ歳費ハ国庫ヨリ相当ニ之ヲ供奉ス可シ
一〇　皇族ハ三世ニシテ止ム四世以下ハ姓ヲ賜フテ人臣ニ列ス

日本帝国憲法

第一篇　国帝

第二章　摂政官

一一　国帝ハ満十八歳ヲ以テ成年トス
一二　国帝ハ成年ニ至ラサル間ハ摂政官ヲ置ク可シ
一三　成年ノ国帝ト雖《いえど》モ政ヲ親《みずか》ラスル能ハサル事故アリテ国会其事実ヲ認メタル時ハ其事故ノ存スル間亦《また》摂政官ヲ置ク可シ
一四　摂政官ハ国帝若《も》シクハ太政大臣之ヲ皇族近親ノ中ヨリ指名シ国会三分二以上ノ可決ヲ得ルコトヲ要ス
一五　成年ノ国帝其政ヲ親ラスル能ハサル場合ニ於テ国帝ノ相続者既ニ満十五歳ニ至ルトキハ摂政官ニ任ス此場合ニ於テハ国帝若クハ太政大臣ヨリ国会ニ通知スルニ止〔メ〕テ其議ニ附スルヲ要セス
一六　摂政官ハ其在官ノ間名爵及儀仗ニ関スルノ外国帝ノ権利ヲ受用スル者トス
一七　摂政官ハ満廿一歳以上ノ成〔年〕タル可シ

日本帝国憲法

第一篇　国帝

第三章　国帝ノ権利

一八　国帝ノ身体ハ神聖ニシテ侵ス可ラス又責任トスル所ナシ万機ノ政事ニ関シ国帝若シ国民ニ対シテ過失アレハ執政大臣独リ其責ニ任ス

一九　国帝ハ立法行政司法ノ三部ヲ総轄ス

二〇　国帝ハ執政官ヲ任意ニ除任免黜《めんちゅつ》シ又元老院ノ議官及裁判官ヲ任命ス
但シ終身官ハ法律ニ定メタル場合ヲ除クノ外ハ之ヲ免スルコトヲ得ス

二一　国帝ハ海陸軍ヲ総督シ武官ヲ拝除シ軍隊ヲ整備シテ便宜ニ之ヲ派遣スルコトヲ得
但シ其昇級免黜退老ハ法律ヲ以テ定メタル例規ニ準シ国帝之ヲ決ス

二二　国帝ハ軍隊ニ号令シ敢テ国憲ニ悖戻《はいれい》スル所業ヲ助ケシムルコトヲ得ス且ツ戦争ナキ時ニ際シ臨時ニ兵隊〔ヲ〕国中ニ備ヒ置カント欲セハ元老院民撰議院ノ承諾ナクシテハ決シテ之ヲ行フ可ラサル者トス

二三　国帝ハ鋳銭ノ権ヲ有ス貨幣条例ハ法律ヲ以テ之ヲ定ム但シ通貨ヲ製造改造シ又己レ〔ノ〕肖像ヲ銭貨ニ鋳セシムルコトヲ得

二四　国帝ハ爵位貴号ヲ賜与シ且法律ニ依準シテ諸種ノ勲綬栄章ヲ授ケ又法律ヲ以テ

限定スル所ノ恩賜金ヲ与フルコトヲ得

但シ国庫ヨリシテ之ニ禄ヲ賜ヒ賞ヲ給セラルヽハ国会ノ可決ヲ経ルニ非サレハ勅命ヲ実行ス可ラス

二五　国帝ハ何レノ義務ヲモ負フコトナキ外国ノ勲級ヲ受クルコトヲ得又国帝ノ承諾アレハ皇族モ之ヲ受クルヲ得

但シ何レノ場合ヲ論セス帝臣ハ国帝ノ許允ヲ経スシテ外国ノ勲級爵位官職ヲ受クルコトヲ得ス

二六　日本人ハ外国貴族ノ称号ヲ受クルコトヲ得ス

二七　国帝ハ特命ヲ以テ既定宣告ノ刑事裁判ヲ破毀シ何レノ裁判庁ニモ之ヲ移シテ覆審セシムルノ権アリ

二八　国帝ハ裁判官ノ断案ニ因リ処決セラレタル罪人ノ刑罰ヲ軽減赦免ノ恩典ヲ行フコトヲ得ルノ権ヲ有ス

二九　凡ソ重罪ノ刑〔ニ〕処セラレ終身其公権ヲ剥奪《はくだつ》セラレタル者〔ニ〕対シ法律ニ定メ〔タ〕ル所ニ由リ国会ノ議事〔ニ〕諮詢《しじゅん》シ其可決ヲ得テ大赦特赦及赦罪復権ノ勅裁ヲ為スコトヲ得

三〇　国帝ハ全国ノ審判ヲ督責シ及之ヲ看守シ其決行ヲ充分ナラシメ又公罪ヲ犯ス者アルトキハ国帝ノ名称ヲ〔以〕テ之ヲ追捕シ求刑シ所断ス

三一　法司ヲ訴告スル者アルトキハ国帝之ヲ聴キ仍《な》ホ参議院ノ意見ヲ問フテ後ニ之ヲ停職スルコトヲ得
三二　国帝ハ国会ヲ催促徴喚シ及之ヲ集開終閉シ又之ヲ延期ス
三三　国帝ハ国益ノ為ニ須要《しゅよう》トスル時ハ会期ノ暇時ニ於テ臨時ニ国会ヲ召集スルコトヲ得
三四　国帝ハ法律ノ議案ヲ国会ニ出シ及其他自ラ適宜ト思量ス〔ル〕起議ヲ国会ニ下附ス
三五　国帝ハ国会ニ議セス特権ヲ以テ決定シ外国トノ諸般ノ国約ヲ為ス
　但シ国家ノ〔担保ト国民ニ密附ノ関係（通商貿易ノ条約）ヲナスコトニ基ヒスル者又ハ国財ヲ費シ若クハ国疆《こくきょう》所属地ノ局部ヲ譲与変改スルノ条約及其修正ハ国会ノ承諾ヲ得ルニ非レハ其効ヲ有セス
三六　国帝ハ開戦ヲ宣シ和議ヲ講シ及其他ノ交際修好同盟等ノ条約ヲ準定ス
　但シ即時ニ之ヲ国会ノ両院ニ通知ス可シ且国家ノ利益安寧ト相密接スト思量スル所ノ者ヲ同ク之ヲ国会ノ両院ニ通照ス
三七　国帝ハ外国事務ヲ総摂ス外国派遣ノ使節諸公使及領事ヲ任免ス
三八　国帝ハ国会ヨリ上奏シタル起議ヲ允否《いんぴ》ス
三九　国帝ハ国会ノ定案及判決ヲ勅許制可シ之ニ鈐印〔鈐印《けんいん》〕シ及ヒ総テ立法全権ニ属

スル所ノ職務ニ就キ最終ノ裁決ヲ為シ之ニ法律ノ力ヲ与ヘテ公布ス可シ

四〇　国帝ハ外国ノ兵隊ノ日本国ニ入ルコトヲ許スコト又太子ノ為メニ王位ヲ辞スルコトトノ〔二条〕ニ就テハ特別ノ法律ニ依リ国会ノ承諾ヲ受ケサレハ其効〔力〕ヲ有セス

四一　国帝ハ国安ノ為ニ須要スル時機ニ於テハ同時又別々ニ国会ノ両院ヲ停止解散スルノ権ヲ有ス

但シ該解散ノ布告ト同時ニ四十日内ニ新議員ヲ撰挙シ及二ケ月内ニ該議院ノ召集ヲ命ス可シ

日本帝国憲法

第二篇 公法

第一章 国民ノ権利

四二　左ニ掲クル者ヲ日本国民トス

一　凡ソ日本国内ニ生ル、者

二　日本国外ニ生ル、トモ日本国人ヲ父母トスル子女

三　帰化ノ〔免〕状ヲ得タル外国人

但シ帰化〔ノ〕外国人カ享有スヘキ其権利ハ法律別ニ之ヲ定ム

四三　左ニ掲クル者ハ政権ノ受用ヲ停閣ス
一　外形ノ無能（廃疾ノ類）心性ノ無能（狂癲《きょうてん》白痴ノ類）
二　禁獄若クハ配流ノ審判
但シ期満レハ政権剥奪ノ禁ヲ解ク

四四　左ニ掲クル者ハ日本国民ノ権利ヲ失フ
一　外国ニ帰化シ外国ノ籍ニ入ルモノ
二　日本国帝ノ允許ヲ経スシテ外国政府ヨリ官職爵位称号若クハ恩賜金ヲ受クル者

四五　日本国民ハ各自ノ権利自由ヲ達ス可シ他ヨリ妨害ス可ラス且国法之ヲ保護ス可シ

四六　日本国民ハ国憲許ス所ノ財産智識アル者ハ国事政務ニ参与シ之レカ可否ノ発言ヲ為《な》シ之ヲ議スルノ権ヲ有ス

四七　凡ソ日本国民ハ族籍位階ノ別ヲ問ハス法律上ノ前ニ対シテハ平等ノ権利タル可シ

四八　凡ソ日本国民ハ日本全国ニ於テ同一ノ法典ヲ準用シ同一ノ保護ヲ受ク可シ地方及門閥若クハ一人一族ニ与フルノ時権〔特権〕アルコトナシ

四九　凡ソ日本国ニ在居スル人民ハ内外国人ヲ論セス其身体生命財産名誉ヲ保固ス

五〇　法律ノ条規ハ其効ヲ既往ニ及ホスコトアル可ラス

五一　凡ソ日本国民ハ法律ヲ遵守スルニ於テハ万事ニ就キ予《あらかじ》メ検閲ヲ受クルコトナク自由ニ其思想意見論説図絵ヲ著述シ之ヲ出板頒行《はんこう》シ或ハ公衆ニ対シ講談討論演説シ以テ之ヲ公ニスルコトヲ得ヘシ但シ其弊害ヲ抑制スルニ須要ナル処分ヲ定メタルノ法律ニ対シテハ其責罰ヲ受任ス可シ

五二　凡ソ思想自由〔ノ〕権ヲ受用スルニ因リ犯ス所ノ罪アルトキハ法律ニ定メタル時機并《ならび》ニ程式ニ循拠《じゅんきょ》シテ其責ヲ受ク可シ著刻犯ノ軽重ヲ定ムルハ法律ニ定メタル特例ヲ除クノ外ハ陪審官之ヲ行フ

五三　凡ソ日本国民ハ法律ニ拠ルノ外ニ或ハ彊《しい》テ之ヲ為サシメ〔ラレ〕或ハ彊テ之ヲ止メシメラル、等ノコトアル可ラス

五四　凡ソ日本国民ハ集会ノ性質或《あるいは》数人連署或ハ一個人ノ資格ヲ以テスルモ法律ニ定メタル程式ニ循拠シ皇帝国会及何レノ衙門《がもん》ニ向テモ直接ニ奏呈請願又上書建白スルヲ得ルノ権ヲ有ス但シ該件ニ因テ牢獄ニ囚附セラレ或ハ刑罰ニ処セラル、コトアル可ラス若シ政府ノ処置ニ関シ又国民相互ノ事ニ関シ其他何ニテモ自己ノ意ニ無理ト思考スルコトアレハ皇帝国会何レノ衙門ニ向テモ上書建白請願スルコトヲ得可シ

五五　凡ソ〔日〕本国民ハ華士族平民ヲ論〔セ〕ス其才徳器能ニ応シ国家ノ文武官僚ニ拝就スル同等ノ権利ヲ有ス

五六　凡ソ日本国民ハ何宗教タルヲ論セス之ヲ信仰スルハ各人ノ自由ニ任ス然レトモ政府ハ何時ニテモ国安ヲ保シ及各宗派ノ間ニ平和ヲ保存スルニ応当ナル処分ヲ〔為〕スコトヲ得

但シ国家ノ法律中ニ宗旨ノ性質ヲ負ハシムルモノハ国憲ニアラサル者トス

五七　凡ソ何レノ労作工業農耕ト雖トモ行儀風俗ニ戻《もと》リ国民ノ安寧若クハ健康ヲ傷害スルニ非《あらざ》レハ之ヲ禁制スルコトナシ

五八　凡ソ日本国民ハ結社集会ノ目的若クハ其会社ノ使用スル方法ニ於テ国禁ヲ犯シ若クハ国難ヲ醸スヘキノ状ナク又戎器《じゅうき》ヲ携フルニ非ズシテ平穏ニ結社集会スルノ権ヲ有ス

但シ法律ハ結社集会ノ弊害ヲ抑制スルニ須要ナル処分ヲ定ム

五九　凡ソ日本国民ノ信書ノ秘密ヲ侵スコトヲ得ス其信書ヲ勾収スルハ現在ノ法律ニ依リ法ニ適シタル拿捕《だほ》又ハ探索ノ場合ヲ除クノ外戦時若クハ法〔衙〕ノ断案ニ拠《よる》ニ非レバ之〔ヲ〕行フコトヲ得ス

六〇　凡ソ日本国民ハ法律ニ定メタル時機ニ際シ法律ニ定示セル規程ニ循拠スルニ非レハ之ヲ拘引招喚囚捕禁獄或ハ強テ其住屋戸〔鎖〕ヲ打開スルコトヲ得ス

六一　凡ソ日本国民各自ノ住居ハ全国中何《いず》〔方《かた》〕ニテモ其人ノ自由ナル可シ而シテ他ヨリ之ヲ侵ス可ラス若シ家主ノ承允ナク或ハ家内ヨリ招キ呼フコトナク又火災

水災等ヲ防禦スル為ニ非スシテ夜間人家ニ侵シ入ルコトヲ得ス

六二　凡ソ日本国民ハ財産所有ノ権ヲ保〔固〕ニス如何ナル場合ト雖トモ財産ヲ没収セラル、コトナシ公規ニ依リ其公益タルヲ証スルモ仍ホ時ニ応シスル至当ナル前価ノ賠償ヲ得ルノ後ニ非レハ之レカ財産ヲ買上ラル、コト〔ナ〕カル可シ

六三　凡ソ日本国民ハ国会ニ於テ決定シ国帝ノ許可ア〔ルニ〕非レ〔ハ〕決シテ租税ヲ賦課セラル、コトナカル可シ

六四　凡ソ日本国民ハ当該ノ裁判官若クハ裁判所ニ非レハ縦令《たとい》既定ノ刑法ニ依リ又其法律ニ依〔テ〕定ムル所ノ規程ニ循《したが》フモ之ヲ糺治《きゅうち》裁審スルコトヲ得ス

六五　法律ノ正条ニ明示セル所ニ非レハ甲乙ノ別ヲ論セス拘引逮捕糺弾処刑ヲ被ルコトナシ且ツ一タヒ処断ヲ得タル事件ニ付再次ノ糺弾ヲ受ク可ラス

六六　凡ソ日本国民ハ法律ニ掲クル場合ヲ除クノ外之ヲ拿捕スルコトヲ得ス又拿捕スル場合ニ於テハ裁判官自ラ署名シタル文書ヲ以テ其理由ト劾告者ト証人ノ名ヲ被告者ニ告知ス可シ

六七　総テ拿捕シタル者ハ二十四時間内ニ裁判官ノ前ニ出スコトヲ要ス拿捕シタル者ヲ直ニ放逐スルコト能ハサル際ニ於テハ裁判官ヨリ其理由ヲ明記シタ〔ル〕宣告状ヲ以テ該犯ヲ禁錮ス可シ右ノ宣告ハ力《つと》〔メテ〕所能的迅速ヲ要シ遅クモ三日間内ニ之ヲ〔行〕フ可シ

但シ裁判官ノ居住ト相鄰接スル府邑村落ノ地ニ於テ拿捕スルトキハ其時ヨリ二十四時間内ニ之ヲ告知ス可シ若シ裁判官ノ〔居〕住ヨリ遠隔スル地ニ於テ拿捕スルトキ〔ハ〕其距離遠近ニ準シ法律ニ定メタル当応ノ期限内ニ之ヲ告知ス可シ

六八　右ノ宣告状ヲ受ケタル者ノ求ニ因リ裁判官ノ宣告シタル事件ヲ遅滞ナク控訴シ又上告スルコトヲ得ヘシ

六九　一般犯罪ノ場合ニ於テ法律ニ定ムル所ノ保釈ヲ受クルノ権ヲ有ス

七〇　〔何〕人モ正当ノ裁判官ヨリ阻隔《そかく》セラ〔ル〕、コトナシ是故ニ臨時裁判所ヲ設立スルコトヲ得可ラス

七一　国事犯ノ為ニ死刑ヲ宣告サル、コトナカル可シ

七二　凡〔ソ法〕ニ違フ〔テ〕命令シ又放免ヲ怠〔リ〕タル拿捕ハ政府ヨリ其損害ヲ被リタル者ニ〔償〕金ヲ払フ可シ

七三　凡ソ日本国民ハ何人ニ論ナク法式ノ徴募ニ贋《あた》リ兵器ヲ擁シテ海陸ノ軍伍ニ入リ日本国ノ為ニ防護ス可シ

七四　又其所有財産ニ比率〔シ〕テ国家ノ負任（公費租税）ヲ助クルノ責ヲ免ル可ラス皇族ト雖トモ税ヲ除免セラル、コトヲ得可ラス

七五　国債公債ハ一般ノ国民タル者負担ノ責ヲ免ル可ラス

七六　子弟ノ教育ニ於テ其学科及教授ハ自由ナル者トス然レトモ子弟小学ノ教育ハ父兄タル者ノ免ル可ラサル責任トス

七七　府県令ハ特別ノ国法ヲ以テ其綱領ヲ制定セラル可シ府県ノ自治ハ各地ノ風俗習例ニ因ル者ナルカ故ニ必ラス之ニ干渉妨害ス可ラス其権域ハ国会ト雖トモ之ヲ〔侵〕ス可ラサル者トス

日本帝国憲法

第三篇　立法権

第一章　民撰議院

七八　民撰議院ハ選挙会法〔律ニ〕依リ定メタル規程ニ循ヒ撰挙ニ於テ直接投籤法ヲ以テ単撰シタル代民議院ヲ以テ成ル

但シ人口二十万人ニ付一員ヲ出ス可シ

七九　代民議員ノ任〔期〕三ケ年トシ二ケ年毎ニ其半数ヲ改撰ス可シ

但シ〔幾〕任期モ重撰セラル、コトヲ得

八〇　日本国民ニシテ俗籍ニ入リ（神官僧侶教導職耶蘇宣教師ニ非ル者ニシテ）政権民権ヲ享有スル満三十歳以上ノ男子ニシテ定額ノ財産ヲ所有シ私有地ヨリ生スル歳入アルコトヲ証明シ撰挙法ニ定メタ〔ル〕金額ノ直税ヲ納《い》ル、文武ノ常

識ヲ帯ヒサル者ハ撰挙法ニ遵ヒテ議員ニ撰挙セラル丶ヲ得

八一　凡ソ此ニ掲ケタル分限ト要款トヲ備具スル日本国民ハ被撰挙人ノ半数ハ其区内ニ限リ其他ノ半数ハ何レノ県ノ区ニモ通シテ選任セラル丶コト〔ヲ〕得但シ元老院ノ議官ヲ兼任スルコト〔ヲ〕得ス

八二　代民議員ハ（撰挙セラレタル地方ノ総代ニ非ス）日本全国民ノ総代人ナリ故ニ撰挙人ノ教令ヲ受クルヲ要セス

八三　婦女〔未成年者治〕産ノ禁ヲ受ケタ〔ル〕者白痴瘋癲《ふうてん》ノ者住居ナクシテ人ノ奴僕雇傭タル者政府ノ助成金ヲ受クル者及常事犯罪〔ヲ〕以テ徒刑一ケ年以上実決ノ刑ニ処セラレタル者又稟告サレタル失踪人ハ代民議員ノ撰挙人タルコトヲ得ス

八四　民撰議院ハ日本帝国〔ノ〕財政（租税国債）ニ関スル方案ヲ起草スルノ特権ヲ有ス

八五　民撰議院ハ往時ノ施政上ノ検査及施政上ノ弊害ノ改正ヲ為スノ権ヲ有ス

八六　民撰議院ハ行政官ヨリ出セル起議ヲ討論シ又国帝ノ起議ヲ改竄《かいざん》スルノ権ヲ有ス

八七　民撰議院ハ緊要ナル調査ニ関シ官吏並ニ人民ヲ召喚スルノ権ヲ有ス

八八　民撰議院ハ政事上〔ノ〕非違アリト認メタル官吏（執政官 参議官）ヲ上院ニ提喚弾劾スル特権ヲ有ス

八九　民撰議院ハ議員ノ身上ニ関シ左ノ事項ヲ処断スルノ権ヲ有ス
　一　議員民撰議院ノ命令規則若クハ特権ニ違背ス〔ル者〕
　二　〔議〕員撰挙ニ関スル訴訟
九〇　民撰議院ハ其正副議長ヲ議員中ヨリ撰挙シテ国帝ノ制可ヲ請フ可シ
九一　民撰議院ノ議員ハ院中ニ於テ為シタル討論演説ノ為ニ裁判ニ訴告ヲ受クルコトナシ
九二　代民議員ハ会期中及会期前後二十日間民事訴訟ヲ受クルコトアルモ答弁スルヲ要セス
　但シ民撰議院ノ承認ヲ得ルトキハ此限ニアラス
九三　民撰議院ノ代民議員ハ現行犯罪ニ非レハ下院ノ前許承認ヲ得スシテ会期中及会期ノ前後二十日間拘致囚捕審判セラル丶コトナシ
　但シ現行犯罪ノ揚合ニ於テモ拘致囚捕或ハ会期ヲ閉ツルノ後糺治又囚捕スルニ於テモ即時至急ニ裁判所ヨリ代民議員ヲ拿捕セシコトヲ民撰議院ニ通知シ該院ヲシテ〔其〕件ヲ照査シテ之ヲ処分セシム可シ
九四　民撰議院ハ請求シテ会期中及会期ノ前後廿日間議員ノ治罪拘引ヲ停止セシムルノ権ヲ有ス
九五　民撰議院ノ議長ハ〔院中〕ノ官員（書記等其他）ヲ任免スルノ権アリ

九六　代民議員ハ会期ノ間旧議員任期ノ最終会議ニ定メタル金給ヲ受ク可シ又特別ノ
決議ヲ以テ往返ノ旅費ヲ受ク可シ

日本帝国憲法

第三篇 立法権

第二章 元老議院

九七　元老院ハ国帝ノ特権ヲ以テ命スル所ノ議官四十〔名〕ヲ以テ成ル
但シ民撰議院ノ議員ヲ兼任スルヲ得ス

九八　満三十五歳以上ニシテ左ノ部ニ列スル性格ヲ具フル日本人ニ限リ元老院ノ議官タ
ルコトヲ得ベシ

一　民撰議院ノ議長

二　民撰議員ニ撰ハレタルコト三回ニ及ヘル者

三　執政官諸省卿

四　参議官

五　三等官以上ニ任セラレシ者

六　日本国ノ皇族華族

七　海陸軍ノ大中少将

八　特命全権大使及公使
九　大審院上等裁判所ノ議長及裁判〔官〕又其大検事
十　地方長官
十一　勲功アル者及材徳輿望アル者

九九　元老院ノ議官ハ国帝ノ特命ニ因リテ議員中ヨリ之ヲ任ス

一〇〇　元老院ノ議官ハ終身在職スル者トス

一〇一　元老院ノ議官ハ一ケ年三万円ニ過キサル一身ノ俸給ヲ得ベシ

一〇二　皇子及太子ノ男子ハ満二十五歳ニ至リ文武ノ常職ヲ帯ヒサル者ハ元老院ノ議官ニ任スル〔コト〕ヲ得

一〇三　諸租税ノ賦課ヲ許諾スルコトハ先ツ民撰議院ニ於テ之ヲ取扱ヒ元老院ハ唯其事アル毎ニ民撰議院ノ議決案ヲ覆議シテ之ヲ決定スルカ若クハ抛棄スルカノ外ニ出テス決シテ之ヲ変改スルコトヲ得可ラス

一〇四　元老院ノ編制及権利ニ関スル法律ハ先ツ之ヲ元老院ニ持出サヾルヲ得ス民撰議院ハ唯之ヲ採用スルカ棄擲スルニ過キス決シテ之ヲ刪添《さんてん》ス可ラス

一〇五　元老院ハ立法権ヲ受用〔ス〕ルノ外左ノ三件ヲ掌ト〔ル〕
　一　民撰議院ヨリ提出劾告セラレタル執政大臣諸官吏ノ行政上ノ不当ノ事ヲ審紀裁判ス其劾告手続ハ法律別ニ之ヲ定ム

二　国帝ノ身体若クハ権威ニ対シ又ハ国安ニ対スル重罪犯ヲ法律ニ定〔メ〕タル〔所ニ〕循ヒ裁判ス

三　法律ニ定メタル時機ニ際シ及ヒ其定メタル規程ニ循ヒ元老院議官ヲ裁判ス

一〇六　元老院議官ハ其現行犯罪ニ由リテ拘捕セラル、時又ハ元老院ノ集会セサルトキノ外予メ元老院ノ決定承認ヲ経スシテ之ヲ糺治シ又ハ拘致囚捕セラル、コトナシ

一〇七　何レノ場合タルヲ論セス議官ヲ糺治シ若クハ囚捕スル時ハ至急ニ之ヲ元老院ニ報知シ以テ該院権限ノ処ヲ為サシム

日本帝国憲法

第三編　立法権

第三章　国会ノ職権

一〇八　国家永続ノ秩序ヲ確定国家ノ憲法ヲ議定シ之ヲ添刪更改シ千載不抜ノ三大制度ヲ興廃スル事ヲ司ル

一〇九　国会ハ国帝及立法権ヲ有スル元老院民撰議院ヲ以テ成ル

一一〇　国会ハ総テ公行シ公衆ノ傍聴ヲ許ス

但シ国益ノタメ或ハ特異ノ時機ニ際シ秘密会議ヲ開クコトヲ要スヘキニ於

テハ議員十人以上ノ求ニ因テ各院ノ議長傍聴ヲ禁止スルヲ得

一一一　国会ハ総テ日本国民ヲ代理スル者ニシテ国帝ノ制可ヲ須ツノ外総テ法律ヲ起草シ之ヲ制定スルノ立法権ヲ有ス

一一二　国会ハ政府ニ於テ若シ憲法或ハ宗教或ハ道徳或ハ信教自由或ハ各人ノ自由或ハ法律上ニ於テ諸民平等ノ遵奉財産所有権或ハ原則ニ違背シ或ハ邦国ノ防禦ヲ傷害スルカ如キコトアレハ勉メテ之レカ反対説ヲ主張シ之カ根元ニ遡リ其公布ヲ拒絶スルノ権ヲ有ス

一一三　国会ノ一部ニ於テ否拒シタル法案ハ同時ノ集会ニ於テ再ヒ提出スルヲ得ス

一一四　国会ハ公法及私法ヲ整定ス可シ即チ国家至要ノ建国制度及根原法一般ノ私法及民事訴訟法海上法礦坑法山林法刑法〔治罪〕法庶租税ノ徴収及国財ヲ料理スルノ原則ヲ〔議〕定シ兵役ノ義務ニ関スル原則国財ノ歳出入予算表ヲ規定ス

一一五　国会ハ租税賦課ノ認許権又工部ニ関シテ取立タル金額使用方ヲ決シ又国債ヲ募リ国家ノ信任（紙幣公債証書発行）ヲ使用スルノ認許権ヲ有ス

一一六　国会ハ行政全局（法律規則ニ違背セシカ処置其宜キヲ得サルヤ）ヲ監督スルノ権ヲ有ス

一一七　国会議スル所ノ法案ハ其討議ノ際ニ於テ国帝之ヲ中止シ若クハ禁止スルコトヲ得ス

一一八　国会（両院）共ニ規則ヲ設ケ其院事ヲ処置スルノ権ヲ有ス
一一九　国会ハ其議決ニ依リテ〔憲〕法ノ欠典ヲ補充スルノ権総テ憲法ニ違背ノ所業ハ
之ヲ矯正スルノ権新法律及憲法変更ノ発議ノ権ヲ有ス
一二〇　国会ハ全国民ノ為ニ法律ノ主旨ヲ釈明ス可シ
一二一　国会ハ国帝太子摂政官若クハ摂政ヲシテ国憲及法律〔ヲ遵守ス〕ルノ宣誓詞ヲ
宣ヘシム
一二二　国会ハ国憲ニ掲ケタル時機ニ於テ摂政ヲ撰挙シ其権域ヲ〔指〕定シ未成年ナル
国帝ノ太保ヲ任命ス
一二三　国会ハ民撰議院ヨリ論劾セラレテ元老院ノ裁判ヲ受ケタル執政ノ責罰ヲ実行ス
一二四　国会ハ内外ノ国債ヲ募リ起シ国土ノ領地ヲ典売シ或ハ疆域ヲ変更シ府県ヲ発立
分合シ其他ノ行政区画ヲ決定スルノ権ヲ有ス
一二五　国会ハ国家総歳入出ヲ計算シタル（予算表）ヲ検視ノ上同意ノ時ハ之ヲ認許ス
一二六　国会ハ国事ノ為メニ緊要ナル時機〔ニ〕際シ政府ノ請ニ応〔シ〕議員ニ該特務ヲ
許認指定ス
一二七　国会ハ国帝ソスルトキハ若クハ帝位ヲ空フスルトキ〔ハ〕既往ノ施政ヲ検査シ及
施政上ノ弊害ヲ改正ス
一二八　国会ハ帝国若クハ港内ニ外〔国〕海陸軍兵ノ進入ヲ允否ス

一二九　国会ハ毎歳政府ノ起議〔ニ〕因リ平時若クハ臨時海陸軍兵ヲ限定ス
一三〇　国会ハ内外国債ヲ還償ス〔ル〕ニ適宜ナル方法ヲ議定ス
一三一　国会ハ帝国ニ法律ヲ施行スルタメニ必要ナル行政ノ規則ト行政ノ設立及其不全備ヲ補フ法ヲ決定ス
一三二　国会ハ政府官僚及其〔俸〕給ヲ改正設定シ若クハ之ヲ廃止ス
一三三　国会ハ貨〔幣〕ノ斤量価格銘誌模画名称及度量衡ノ原位ヲ定ム
一三四　国会ハ外国トノ条約ヲ議定ス
一三五　国会ハ兵役義務執行ノ方法及其規則ト期限トニ関スル事就中毎歳召募ス可キ徴兵員数ノ定〔数及〕予備馬匹ノ賦課兵士ノ糧食屯営ノ総則ニ関スル事ヲ議定ス
一三六　政府ノ歳計予算表ノ規則及〔諸〕租税賦課ノ毎歳決議政府ノ決算表并ニ会計管理成跡ノ検査新公債証券ノ発出政府旧債ノ〔変面官〕地ノ売易貸与専売并特権ノ法律総テ全国ニ通スル会計諸般ノ事務ヲ決定ス
一三七　金銀銅貨及銀行証券ノ発出ニ関スル事務ノ規則税関貿易電線駅逓鉄道航運ノ事其他全国通運ノ方法ヲ〔議〕定ス
一三八　証券ノ銀行工業ノ特準度量衡製造ノ模型記印ノ保護ノ法律ヲ決定ス
一三九　医薬ノ法律及伝染病〔家畜〕疫疾防護ノ法律ヲ定ム

日本帝国憲法

第三篇 立法権

第四章 国会ノ開閉

一四〇 国会ハ両議院共ニ必ス〔勅命ヲ〕以テ毎歳同時ニ之ヲ開クヘシ

一四一 国帝ハ国安ノ為ニ須要〔ト〕スル時機ニ於テハ両議院ノ議決ヲ不認可シ其議会ヲ中止シ紛議ス〔ルニ当〕リテハ其議員〔議院〕ニ解散ヲ命スルノ権ヲ有ス然レトモ此場合ニ当リテハ必ラス四十日内ニ新〔議員〕ヲ撰挙セシメ二ケ月間内ニ之ヲ召集シテ再開ス可シ

一四二 国帝崩シテ国会ノ召集期ニ至ルモ尚ホ之ヲ召集スル者無キ〔時〕ハ国会自ラ参集シテ開会スルコトヲ得

一四三 国会ハ国帝ノ崩御ニ遭フモ嗣帝ヨリ解散ノ命アル迄ハ解散セス定期ノ会議ヲ続クルコトヲ得

一四四 国会ノ閉期ニ当リテ次期ノ国会未タ開カサルノ間ニ国帝崩御スルコトアルトキハ議員自ラ参集シテ国会ヲ開クコトヲ得若シ嗣帝ヨリ解散ノ命アルニ非レバ定期ノ会議ヲ続クルコトヲ得

一四五 議員ノ撰挙既ニ畢リ未タ国会ヲ開カサルノ間ニ於テ国帝ノ崩御ニ遭フテ尚ホ之

ヲ開ク者ナキトキハ其議員自ラ参集シテ之ヲ開クコトヲ得若シ嗣帝ヨリ解散ノ命アルニ非レバ定期ノ会議ヲ続クルコトヲ得

一四六　国会ノ議員〔其〕年〔限〕既ニ尽キテ次期ノ議員未タ撰挙セラレサル間ニ国帝崩御スルトキハ前期ノ議員集会シテ一期ノ会ヲ開クコトヲ得

一四七　各議院ノ集会ハ同時ニ〔ス〕可〔シ〕若シ〔其〕一院集会シテ他ノ一院集会セサルトキハ国会ノ権利ヲ有セス

但シ糾弾裁判ノ為〔ニ元老〕院ヲ開クハ其法庭ノ資格タルヲ以テ此限ニアラス

一四八　各議院議員ノ出席過半数ニ至ラサレハ会議ヲ開クコトヲ得ス

日本帝国憲法

第三篇　立法権

第五章　国憲ノ改正

一四九　国ノ憲法ヲ改正スルハ〔特別〕会議ニ於テス可シ

一五〇　両議院ノ議員三分ノ二ノ議決ヲ経テ国帝之ヲ允可スルニ非レバ特別会ヲ召集スルコトヲ得ス〔特〕別〔会〕議員ノ召集及撰挙ノ方法ハ都テ国会ニ同シ

一五一　特別会ヲ召集スルトキハ民撰議院ハ散会スル者トス

一五二　特別会ハ元老院ノ議員及国憲改正ノ為ニ撰挙セラレタル人民ノ代民議員ヨリ成ル

一五三　特別ニ撰挙セラレタル代民議員三分ノ二以上及元老院議員三分二以上ノ議決ヲ経テ国帝之ヲ允可スルニ非レバ憲法ヲ改正スルコトヲ得ス

一五四　其特ニ召集ヲ要スル事務畢ルトキハ特別会自ラ解散スル者トス

一五五　特別会解散スルトキハ前ニ召集セラレタル国会ハ其定期ノ職務ニ復ス可シ

一五六　憲法ニアラザル総テノ法律ハ両議院出席ノ議員過半数ヲ以テ之ヲ決定ス

日本帝国憲法

第四篇

第一章　行政権

一五七　国帝ハ行政官ヲ総督ス

一五八　行政官ハ太政大臣各省長官ヲ以テ成ル

一五九　行政官ハ合シテ内閣ヲ成〔シ以テ〕政務ヲ議シ分レテ諸省長官ト為リ以テ当該ノ事務ヲ理ス

一六〇　諸般ノ布告ハ太政大臣ノ名ヲ署シ当該ノ諸省長官之ニ副署ス

一六一　太政大臣ハ大蔵卿ヲ兼任ス可シ

一六二　太政大臣ハ国帝ニ奏シ内務以下諸省ノ長官ヲ任免スルノ権アリ
一六三　諸省長官ノ序次左ノ如シ大蔵卿 内務卿 外務卿 司法卿 陸軍卿 海軍卿 工部卿宮〔内〕卿 開拓卿 教部卿 文部卿 農商務卿
一六四　行政官ハ国帝ノ欽命ヲ奉シテ政務ヲ執行スル者トス
一六五　行政官ハ執行スル所ノ政務ニ関シ議院ニ対シテ其責ニ任スル者トス若シ其政務ニ就キ議院ノ信ヲ失スル時ハ其職ヲ辞ス可シ
一六六　行政官ハ諸般ノ法案ヲ草シ議院〔ニ提〕出スルヲ得
一六七　行政官ハ両議院ノ議員ヲ兼任スルヲ得
一六八　行政官ハ毎歳国費ニ関スル議案ヲ草シ之ヲ議院ノ議ニ〔付〕ス可シ
一六九　行政官ハ毎歳国費決算〔書〕ヲ製シ之ヲ議院ニ報告ス〔可〕シ

日本帝国憲法

第五篇

第一章　司法権

一七〇　司法権ハ国帝之ヲ〔総括〕ス
一七一　司法権ハ不覊独立ニシテ法典ニ定ムル時機ニ際シ及ヒ之ヲ定ムル規程ニ循ヒ民事並ニ刑〔事ヲ審理〕スルノ裁判官判事及陪審官之ヲ執行ス

一七二　大審院上等裁判〔所〕下等裁判所等ヲ置ク

一七三　民法商法刑法訴訟法治罪法山林法及司法官ノ構成ハ全国ニ於テ同均トス

一七四　上等裁判所下等裁判所ノ数並ニ其〔種〕類各裁判所ノ構成権任其権任ヲ執行スヘキ方法及裁判官ニ属ス可キ権理等ハ法律之ヲ定ム

一七五　私有権及〔該〕権ヨリ生シタル権理負債其他凡ソ民権ニ管スル訴訟ヲ審理スルハ特ニ司法権ニ属ス

一七六　裁判所ハ上等下等ニ論ナク廃改スルコトヲ得ス又其構制ハ法律ニ由ルニ非レハ変更ス可ラス

一七七　凡ソ裁判官ハ国帝ヨリ任シ其判事ハ終身其職ニ任ジ陪審官ハ訴件事実ヲ決判シ裁判官ハ法律ヲ準擬シ諸裁判ハ所長ノ名ヲ以テ之ヲ決行宣告ス

一七八　郡裁判所ヲ除クノ外ハ国帝ノ任シタル裁判官ノ三年間〔在〕職シタル者ハ法律ニ定メタル場合ノ外ハ復之ヲ転黜スルコトヲ〔得〕ス

一七九　凡ソ裁判官法律ニ違犯〔スルコト〕アルトキハ各自其責ニ任ス

一八〇　凡ソ裁判官ハ自ラ決行〔セ〕ラルベキ罪犯ノ審判アルトキヲ以テスルノ外有期若クハ無期ノ時間其〔職〕ヲ褫ハル、コトナシ又司法官ノ決裁（裁判所議長若クハ上等裁判所ノ決裁等ヲ云フ）ヲ以テセラル、カ又ハ充分ノ緒由アリテ国帝ノ令ヲ下シ且ツ憑拠ヲ帯ヒテ罪状アル裁判官ヲ当該ノ裁判所ニ訴告スル時

ノ外ハ裁判官ノ職ヲ停止スルコトヲ得ス
一八一　軍事裁判及護卿兵裁判亦法律ヲ以テ之ヲ定ム
一八二　租税ニ関スル争訟及違令ノ裁判モ同ク法律ヲ以テ之ヲ定ム
一八三　法律ニ定メタル場合ヲ除クノ外審判ヲ行フカタメニ例外非常ノ法衙ヲ設クルコトヲ得ス如何ナ〔ル〕場合タリトモ臨時若クハ特別ノ裁判所ヲ開キ臨時若クハ特別ノ糺問掛リヲ組立裁判官ヲ命シテ聴訟断罪ノコトヲ行ハシム可ラス
一八四　現行犯罪ヲ除クノ外ハ当該部署官ヨリ発出シタル〔命令〕書ニ依ルニ非ズシテ拿捕スル〔コト〕ヲ得ス若シ縦マヽニ拿捕スルコトアレハ之ヲ命令シタル裁判官及之〔ヲ〕請求シタル者ヲ法律ニ掲クル所ノ刑ニ処ス可シ
一八五　罰金及禁錮ノ刑ニ問フヘキ罪犯〔ハ勾〕留スルコトヲ得ス
一八六　裁判官ハ管轄内ノ訟獄ヲ聴断セスシテ之〔ヲ〕他ノ裁判所ニ移スコトヲ得ス是故ヲ以テ特別ナル裁判所及専務ノ員ヲ設クルコトヲ得ス
一八七　何人モ其志意ニ悖ヒ法律ヲ以テ定メタル正当判司裁判官ヨリ阻隔セラルヽコトナシ是故ヲ以テ臨時裁判所ヲ設立スルコトヲ得可ラス
一八八　民事刑事〔ニ〕於テ法律ヲ施行スルノ権ハ特ニ上下等裁利所ニ属ス然レトモ上下等裁判所ハ審判及審判ノ決行ヲ看守スルノ外他ノ職掌ヲ行フコトヲ得ス
一八九　刑事ニ於テハ証人ヲ推問シ其他凡テ劾告ノ後ニ係ル訴訟手続ノ件ハ公行ス可シ

一九〇　法律ハ行政権ト司法権トノ間ニ生スルコトヲ得ヘキ〔権〕限抵〔触〕ノ裁判ヲ規定ス
一九一　司法権ハ法律ニ定ムル特例ヲ除キ亦政権ニ管スル争訟ヲ審理ス
一九二　民事刑事トナ〔ク〕裁判所ノ訟庭ハ（法律ニ由テ定メタル場合ヲ除クノ外ハ）法律ニ於テ定ムル所ノ規程ニ循ヒ必ス之ヲ公行ス可シ
但シ国安及風紀ニ関スルニ因リ法律ヲ以テ定メタル特例ハ此限ニ非ラス
一九三　凡ソ裁判ハ其理由ヲ説明シ訟庭ヲ開テ之ヲ宣告ス可シ刑事ノ裁判ハ其処断ノ拠憑スル法律ノ条目ヲ掲録ス可シ
一九四　国事犯ノ為ニ死刑ヲ宣告ス可ラス又其罪ノ事実ハ陪審官之ヲ定ム可シ
一九五　凡ソ著述出板ノ犯罪ノ軽重ヲ定ムルハ法律ニ定メタル特例ノ外ハ陪審官之ヲ行フ
一九六　凡ソ法律ヲ以テ定メタル重罪ハ陪審官其罪ヲ決ス
一九七　法律ニ定メタル場合ヲ除クノ外ハ何人ヲ論セス拿捕〔ノ〕理由ヲ掲示スル判司ノ命令ニ由ルニ非レバ囚捕ス可ラス
一九八　法律ハ判司ノ命令ノ規式及罪人ノ糾弾ニ従事スヘキ期限ヲ定ム
一九九　何人ヲ論セス法律ニ由テ其職任アリト定メタル権ヲ以テシ及法律ニ指定シタル規程ニ於テスルノ外ハ家主ノ意志ニ違ヒテ家屋ニ侵入スルコトヲ得ス

二〇〇　如何ナル罪科アリトモ犯罪者ノ財産ヲ没収ス可ラス

二〇一　駅郵若クハ其他送運ヲ掌ル局舎ニ託スル信書ノ秘密ハ法律ニ由リ定メタル揚合ニ於テ判司ヨリ特殊ノ免許アルトキヲ除クノ外ハ必ズ之ヲ侵ス可ラス

二〇二　保寨ノ建営土堤ノ築作脩補ノタメニシ及ヒ伝染病其他緊急ノ情景ニ際シ前文ニ掲クル公布ヲ必需トセサルヘキ時ハ一般ノ法律ヲ以テ之ヲ定ム

二〇三　法律ハ予メ公益ノ故〔ヲ以〕テ〔没〕収ヲ要〔スルコト〕ヲ公布ス可シ

二〇四　公益ノ公布及没収ノ前給ハ戦時火災溢水ニ際シ即時ニ没収スルコトヲ緊要トスルトキハ之ヲ要求スルコトヲ得ス然レトモ決シテ没収ヲ被リタル者ハ没収ノ償価ヲ請求スルノ権ヲ損害セス

〔註〕

1　五日市草案はタテ二三・三センチ×三二センチ和紙二四枚綴りの文書である。平明方直な文字で浄書されているうえ、「葉草」の朱印が四箇所におされている。

2　本文中、若干の虫喰いのための不明箇所がある。その部分は〔 〕の中へ推定の語句を挿入した。

3　利用者の便宜を考え、各条文の頭に数字を付し、読みづらい字に「ふりがな」をつけた。なおトキ、トモは、左右に組み合わせた一つの文字、コトは鉤型の一文字であるが、二文字に分けて表記した。

4　一二七条中のソは、偏が歹、旁が且で、主に帝王に用いる、死ぬ、ゆくであるが、端末での表記ができないことに配慮し、「ソ」と表記した。

5　町田市教育委員会発行の『民権ブックス③』（一九九〇）により修正加筆した、条文改訂版の『「五日市憲法草案の碑」建碑誌』4刷（一九九三）をもとに作成した。

【参考文献】

五日市町史（1976年・五日市町史編さん委員会編集）

新編武蔵風土記稿三多摩編

五日市の百年・合併40周年記念写真集（1995年・合併40周年記念写真編纂委員会）

三多摩自由民権史料集・上巻・下巻（1979年・色川大吉編纂）

「五日市憲法草案の碑」建碑誌（1980年・記念誌編集委員会編集）

民主憲法の父千葉卓三郎（1980年・千葉卓三郎顕彰記念誌編集委員会編修）

民衆憲法の創造―埋もれた多摩の人脈―（1970年8月・色川大吉・江井秀雄・新井勝紘共著）

五日市郷土館だより（5号・15号・24号）

多摩の民権・町田の民権（町田市立自由民権資料館）

「五日市憲法草案」を読んで学ぶ（2010年・新井勝紘編）

豪農の幕末維新―武州西多摩郡五日市深沢村の豪農深沢氏と民権運動―（2010年江井秀雄論文）

五日市憲法草案と深沢家文書（平成17年9月・あきる野市企画財政部企画課編集）

多摩近現代の軌跡（1995年5月・江井秀雄著）

自由民権に輝いた青春（2002年3月・江井秀雄著）

続憲法を考える―五日市憲法百年と戦後憲法―（１９８３年11月・武相民権運動百年記念実行委員会）
父が語る五日市人ものがたり（１９９４年６月・石井道郎著）
日本国憲法制定の過程―連合国総司令部側の記録による―（１９７２年・高柳賢三・大友一郎・田中英夫編著）
ＧＨＱ日本占領史・第一巻（１９９６年竹前栄治・中村隆英監修）
二つの憲法（２０１１年・井上ひさし）
戦後秘史５マッカーサーの憲法（１９７５年11月・大森実著）
１９４５年のクリスマス（１９９５年10月・ベアテ・シロタ・ゴードン著）
利光鶴松翁手記（１９９７年11月・小田急電鉄株式会社編）
明治憲法成立史（１９６０年・稲田正次著）
明治憲法成立史の研究（１９７９年・稲田正次著）
日本の歴史（１９７７年・家永三郎著）
福島の戊辰戦争（１９８１年・安斎宗司著）
秩父事件（２００４年・秩父事件研究顕彰協議会編）
秩父事件探索（１９８４年・中沢市朗著）
日本国憲法の誕生（２０１２年・西修著）

鈴木富雄（すずきとみお）
郷土史研究家、「五日市憲法草案の会」（略称「五憲の会」）事務局長。
あきる野9条の会・呼びかけ人、これまで五日市憲法草案史蹟など案内142回・2500名を超える。1940年福島県生まれ、1967年より五日市在住

ガイドブック 五日市憲法草案　日本国憲法の源流を訪ねる

2015年3月31日　初版第１刷発行
2017年8月10日　初版第２刷発行

著者　鈴木　富雄
発行者　坂手　崇保
発行所　日本機関紙出版センター
〒553-0006　大阪市福島区吉野3-2-35
TEL06-6465-1254　FAX06-6465-1255
DTP　Third
印刷・製本　シナノパブリッシングプレス
編集　丸尾忠義

ISBN978-4-88900-917-0